THE VALUE MINDSET

バリューのことだけ考えろ

トップ1％コンサルタントの圧倒的な付加価値を出す思考法

松永エリック・匡史

SB Creative

危機が訪れている。

「少数精鋭」が当たり前だった
コンサルティングファームのイメージは
過去のものだ。

業界の飽和。
生成ＡＩの目覚ましい発展。

コンサルタントを筆頭に、
すべてのホワイトカラー人材が、
コモディティ化の圧力に
かつてないレベルで
さらされている。

激変する世界を目の当たりにして、

「自分は淘汰されてしまうのではないか」
「どんなスキルを身につければいいのか」
「何を目指して働けばいいのか」

と、迷いや不安を抱えている人も
少なくないかもしれない。

そんな思いを持っているあなたに
ただ一つ伝えたいことがある。

それは、

「バリューのことだけ考えろ」

という指針である。

「バリュー」とは何か。
日本語に訳せば「付加価値」とも言う。
バリューは、すべての商売の基本であり、
経営を語るコンサルタントはもちろん、
あらゆるビジネスパーソンにとって
これ以上ないほど大切な概念だ。

この世界に「ビジネス」が生まれて以来、
さまざまな革命が起きた。

しかし、バリューを発揮し、
対価を受け取るという大原則は、
過去数千年、そして未来永劫、
変わることはない。

バリューのことだけを考えて働く。

これだけで、あなたはこの先何十年でも
好きなところで、誰とでも働けるようになる。
漠然とした不安にさいなまれることもなく、
前進を続けることができるだろう。

はじめに

――〝バリュー思考〟がビジネスパーソンとしての生き残りを左右する

激変するコンサル業界で、唯一変わらぬコンサルとしての指針

「少数精鋭」が当たり前だったコンサルティングファームのイメージは過去のものだ。近年、各コンサルファームが大量採用を始め、戦略コンサルＢＩＧ３とされるマッキンゼー・アンド・カンパニー、ボストン コンサルティング グループ、ベイン・アンド・カンパニーなどの老舗も人員拡充に舵を切っている。とりわけ、私がかつて所属していたアクセンチュアでは社員数が2万人を超える。過去に照らせば、コンサルバブルといっても過言ではない状況である。

業界が活況を呈するなか訪れたのが、ChatGPTをはじめとする生成ＡＩの時代で

ある。ゴールドマン・サックスのレポートによれば、米国の雇用のうち実に約3分の2がＡＩによる自動化で何らかの影響を受けるとされる。ＡＩの脅威は、今まで安泰とされていたコンサルをはじめとするホワイトカラーにも忍び寄っているのである。

元来、コンサル業界には「Up or Out（昇進するか、退社するか）」という風土が根づいている。業界の飽和、あるいは生成ＡＩの目覚ましい発展で、「自分はコモディティとなり、淘汰されてしまうのではないか」「どんなスキルを身につければいいのか」「何を目指して働けばいいのか」――そんな迷いや不安を抱えている人も少なくないかもしれない。

そんな思いを持っているあなたにただ一つ伝えたいことがある。それは「バリューのことだけ考えろ」という指針である。バリューのことだけを考えて働く。これだけで、あなたはこの先何十年でも好きなところで、誰とでも働けるようになるし、「この業界で生き残っていけるか」といった漠然とした不安にさいなまれることもなく、前進を続けることができるだろう。

コンサル業界では長く「バリュー」という概念が大切にされてきた。「バリュー」とは何か。日本語に訳せば「付加価値」とも言う。あなたの給料は、あなたが仕事を通じて加えた価値の対価として支払われている。「バリュー」はコンサルに限らず、すべてのビジネスの基本であり、それゆえに経営を語るコンサルタントにとってはこれ以上ないほど大切な概念なのである。

また、高給取りとして知られるコンサルタントは、なおさら自らのバリューを意識せざるを得ない。たとえば、大企業をクライアントとしたコンサルティングのプロジェクトは、小さな案件を1件立ち上げるだけで数千万円程度のコストがかかる。クライアント企業の従業員の数倍、数十倍のフィーが、外からやってきたコンサルタントに支払われるのである。

その高額のフィーを正当化する理由とは何か？　それはクライアントが想像もできなかったような、多大な「バリュー」を短期間で出すことができる特殊な職業だからであり、それこそがコンサルタントの存在意義なのである。

バリューを出し続ける者のみが生き残っていく

つまるところ、「バリューを出せるコンサルタントは生き残れる」「バリューを出せないコンサルタントは生き残れない」というシンプルな話であり、それは昨今に始まったことではない。英語を身につければ生き残れる、ＡＩを使えれば生き残れるという話ではなく、今、目の前にいるクライアントに対してどれだけバリューを発揮できるのか、ということが問われているし、コンサルタントはそれのみを考えればいいのだ。

とはいえ、昨今では高額のフィーに見合うバリューを出せるコンサルタントは減ってきているのが実情だ。

私はアクセンチュア、デロイト、ＰｗＣなどＢＩＧ４を含むコンサルティングファームを20年以上渡り歩いてきた。最終的にはパートナーまで昇格したのち、現在は青山学院大学で学部長を務めながら、経営コンサルティングも並行して行っている。

この20年の中で、クライアントに対してバリューを発揮するために私がやってきたことというのは、決して表面的なロジカルシンキングや仮説思考、魅力的な資料の作り方といった、コンサルのスキルとして一般に知られているようなものだけではない。根回し、接待、交渉、謝罪といった、ウェットで泥臭い技術を交えながら、手段を問わずクライアントの期待を上回るバリューを出すことにこだわってきた。

イノベーションがアイデア単体で生み出されることはほとんどない。どれほどイノベーティブな人材だろうと、一匹狼では大きな事は成せない。イノベーションは人と人との関係性によって起こすものだ。そしてイノベーションの種は机上の空論ではなく、泥臭い実践にこそ宿る。真の戦略思考にはB面がある。ほとんど表で語られることはなく、暗黙知の場合が多いが、本著では包み隠さず伝えていく。

こうした思考やノウハウは、コンサルタントとして突き抜けた評価を得たいと思う読者にとっての指針になるだろうし、コンサルタントに限らずビジネスパーソンとして活躍を目指すあらゆる人にも役立ててもらえると考えている。

目次

CONTENTS

1章 クライアントのニーズに応えるための基本作法

CONTENTS

2章 プロジェクトを成功させられる人の思考法

4章

ハードワークに負けないコンディショニング

5章

バリューを出し続けた先に見えてくるもの

序章

プロフェッショナルなら
バリューにこだわれ

序章では「バリューとは何か」「なぜバリューを出すことが重要なのか」など、私の20年以上のコンサル経験をもとに、コンサル業界の変遷を解説し、今後求められるコンサル像を提示する。

なぜコンサルだけが高額のフィーをもらえるのか？

バリューは「対価」そのもの

「仕事しようよ」

私が若手コンサルとして働いていたとき、今でも忘れられぬ強烈な言葉を浴びせられたことがある。それは「仕事しようよ」の一言だ。しかも、この言葉は私がサボって寝ているときではなく、徹夜明けに資料を持っていったときに投げかけられた。

ただ、その当時の私はそう言われても仕方のない仕事をしていた。実際、この言葉に対しても「ふざけんな。お前の指示が悪いからだ」と内心思っていたりもした。

しかし、すぐに自分が悪いのだと気づいた。若手の頃は特にそうなのだが、不眠不休で資料作成をしていれば、なんとなく仕事をした気になってしまう。しかし本来の仕事とは、クライアントにバリューを提供することに他ならない。

「君、プロジェクトでバリューを出せているか？」「バリューのないアイデアだ」など、コンサルタントを中心に用いられてきた「バリュー（＝付加価値）」という言葉が昨今、一般的なビジネス用語として浸透してきたのを感じる。

ただし、コンサルタントの中でも「バリュー」という言葉をどこまで適切に捉えているかは疑問だ。コンサルタントが「（自分は）バリューを出している」と考えていたとしても、発注者であるクライアントが「バリュー」を感じていなければ、それは勝手な思い込みに過ぎない。

コンサルの仕事は経営者に助言をすることだと勘違いしている人がいる。そんな曖昧な仕事があるわけがない。出発点からして間違えている。

コンサルの仕事は本書のタイトルにもなっている通り、徹底的にバリューのことを考えることに集約される。

私の考える「バリュー」の定義を突き詰めて考えると、「対価に値するか」に尽きる。コンサルとクライアントにはインタラクティブな関係があり、バリューを提供した対価にフィーを受け取る。この関係性が大原則だ。

そのため、単価を上げたければ、より一層のバリューを出さなければならない。単価の低さはバリューの少なさを物語っている。とてもシンプルな話である。

しばしば若手のコンサルや学生から「バリューを出すために、どんな勉強をすればいいですか?」と質問を投げかけられるが、この問いは馬鹿げている。

なぜならその答えを考えることこそが、バリューを出す第一歩だからだ。バリューを差し出すべき相手は何を求めているのか。まずはニーズを把握した上で、相手の想定・期待を上回って、初めてバリュー(=対価)が生まれる。

コンサルはクライアントから直接、報酬であるフィーをもらう仕事のためこの原則が理解しやすいだろう。ただ、他の業種であろうと社会人であればこの感覚は普通に持っていなくてはならない。たとえばバックオフィス業務である人事や総務だろうと、仕事の向こう側には仕事を依頼しているステークホルダーが必ず存在する。

お金を支払ってくれる相手が目の前に見えなくても、自分の提供価値が成り立つ構造を理解しなくてはならない。その意味で、世の中に存在するほとんどすべての仕事で「バリュー思考」は武器になる。

フリーのコンサルに数百万円で依頼するのがお得なワケ

コンサルティングファームを辞め、独立したフリーランスのコンサルに仕事の依頼をすると、月額フィーが数百万円かかることはざらだ。この金額を聞いて、あなたは「高い」と思うだろうか、「安い」と思うだろうか？　私の感覚からすれば、この金額感は〝お得〟だ。

なぜなら通常、名の知れたコンサルティングファームがプロジェクトを立ち上げるとき、3ヶ月程度の期間でも数千万円単位のお金が動くことになる。

プロジェクトにはアイデアや戦略を考えるメンバーだけではなく、プロジェクトを推進させるため調整を担当したり、資料を作成したりする人員が複数アサインされるからだ。

もしかしたら、依頼をしたクライアントはフィーが高額になるので、こうした付属的人員を求めていないのかもしれない。

その点、大手コンサルファームに依頼するとかかるフィーとは比べものにならない安さで信頼できるフリーのコンサルに依頼できるなら、安いと思わないだろうか？

コンサルとしても、クライアントにはできない戦略やアイデアでバリューを出せばいい。本質的にクライアントが求めているわけではない整った資料の作成は、むしろ任せてしまうべきだ。本来クライアントが求めている部分に照らせば、断然コスパがいいだろう。

なぜコンサルのフィーは高額なのか？

そもそもなぜ、コンサルのフィー（報酬）は高額なのだろうか。

もちろんコンサルタントそれぞれには得意とする領域・業界はあるものの、コンサルファーム自体は広い業界を相手にするため、専門性はほとんどない。高いフィーが正当化されるのは、むしろ「専門家ではない」からこそだと考えられる。

コンサルに発注するクライアントはそれぞれの業界に専門性を持ち、中にはトップランナーとして数十年にわたる長い歴史を持つ企業も少なくない。

逆に言えば、専門以外の業界では門外漢で、井の中の蛙になってしまっていることもある。それを自ら認識しているからこそ、業界外にいるコンサルに知見を求むのである。

たとえば、自動車業界を考えてみよう。自動車業界は当然のことながら、「いい車を創り出すこと」に全精力をかけている。

しかし、車を移動手段と抽象化したとき、都市、福祉、医療、教育など、関わる産業は一気に広がる。トヨタが実験都市を開発する背景にはこうした発想がある。

ただ、こうした既成概念にはまらない考え方（英語で言えば、“Out of the box Thinking”）が同業界から出てくることは稀だ。

業界内には存在しない視点を外から注入し、イノベーションの種を提供するのが経営コンサルの出発点である。経営者にとっての「WOW」を引き出すことができれば、コンサルとしてはバリューを発揮していることになる。

コンサルティング業界に起こった構造変化

コンサルティングファームと芸能事務所は似ている

ただし最近では、9割以上のコンサルファームはこの「WOW」を提供できていないのが現実だろう。あちこちで「コンサルは高いのに、出来が悪い」といった正直な声を耳にする。クライアントからすれば、高額なフィーを支払っているのだから、期待値が高くなるのは当たり前の話だ。

しかし実際のところ、コンサルファームは困り事を解決してくれる玉手箱ではない。どこまでいっても、コンサルファームが提供するのは「人」である。

その意味では、芸能事務所と大差はない。芸能事務所に力があるのは人気のあるタレントが所属しているからであり、芸能事務所という箱そのものが何らかの魅力を持つわけではない。つまり、コンサルファームに「とりあえず、誰でもいいので5人コンサルタントをください」と言ったところで、芸能事務所に「とりあえず、誰でもいいので5人おもしろい芸人さんをください」とお願いするのと同じで、求める人材が来るなんて保証はない。本来であれば、信頼のおけるコンサルタントを名指しで指名するのが筋だろう。

その点、海外のコンサル事情は日本とまったく異なる。

海外ではプロジェクトの実施が決定される前から、コンサルメンバーの面接が繰り返し行われる。発注側であるクライアント企業は、コンサルファームからアサインされるメンバーの一人一人がプロジェクトでバリューを出せる人間なのかどうかを徹底的に見極めるのである。その過程で、容赦なくコンサルタントは切り捨てられていく。最終的に、高額のフィーに値する厳選したメンバーが選出される。

日本ではこうした場面がほとんど見られない。

反対にプレゼン段階で発表していたキラキラのコンサルタントがプロジェクト開始後に姿を現さないこともざらだ。プレゼン時に「こんなバリューを出します」と約束した人が現れないのは、欧米ならば「詐欺」と言われても仕方ないだろう。

こうした状況下では、そもそもコンサルタントがバリューを出しづらいのは仕方がない面もある。

99％は〝コンサルタント〟ではない

一体いつ頃から現在のような状況に陥ってしまったのだろうか。

元来、コンサルタントは新しい発想をもとに、経営上のアドバイスを行うのが本分であった。

しかし、その潮流が変わったのは、1990年代から2000年代にかけて、日本企業に「ERP（Enterprise Resource Planning：企業資源計画）が導入されたことが大きい。

ＥＲＰは企業の会計・人事・生産・物流・販売などの基幹となる業務を統合し、効率化、情報の一元化を図るためのシステムとして生まれた。ＥＲＰ以降、各企業内で運用されていたコンピュータシステムのあり方が根本的に変わったことで、組織再編を余儀なくされた。

従来のコンピュータシステムは、企業の業務プロセスに合わせて個別に設計され、部門ごとに最適化されていた。たとえば、販売管理システム、在庫管理システム、会計システムなどが独立して運用され、データの連携が困難であった。また、企業独自の業務プロセスに合わせてカスタマイズされていたため、システムの保守や拡張が難しいという問題があった。

一方、ＥＲＰパッケージは標準化された業務プロセスを提供する。たとえば、購買プロセスは大きく分ければ「見積もり依頼」「発注」「支払い」の3ステップに標準化されている。企業がＥＲＰを導入する際には、自社の購買プロセスをＥＲＰの標準プロセスに合わせる必要がある。仮に、ある企業の購買プロセスが元々30ステップあったとしても、ＥＲＰのシステムは3ステップしか提供されていないため、プロセスを簡略化し、組織や業務フローを大幅に変更しなければならなかったのである。

それに伴い、コンサル需要が一気に増えることになる。なぜかといえば、まず、組織や事務のフローを変更するためにプロジェクトが必要になるからだ。さらにシステム開発がコンサルティングを含め巨大化し、組織編成の再配置にあたり、数百人単位からなる大型プロジェクトの開発人員を適切に働かせるためのコントロールが必要になるのだ。この役割をコンサルが担うことになった。

いわゆる「PMO（Project Management Office：企業等におけるプロジェクト支援を、部署の枠を超えて行う組織）」をコンサルが作ることが主流になったのである。組織設計、スケジュール管理やマネジメントの会議体、あらゆる工程を一気通貫で担うことがコンサルの業務に変質していった。

PMOの業務は、プロジェクトの進捗管理、課題の調整、文書の作成など、比較的定型的な作業が中心である。あえて極端に言えば、クライアントの現場社員に「期限までにこの仕事を必ずやってください」と、なかば恐怖政治のように指示するだけだ。

これらの作業をこなすにも、それなりのノウハウが一応存在するが、高度な専門性までは必ずしも求められない。一定の教育を受けた人材を大量に投入することで対応できる。つまり、コンサルタントの業務が、誰でもできる労働集約的な仕事に変質してしまったのである。

そして、この市場は日本においての「コンサルティング」の定義を変えてしまうほどに、とんでもなく大きいものだった。この潮流は現在に至るまで続いており、現在の各コンサルファームの組織拡大の要因になっている。

コンサル業界に構造変革が起こった背景

もう一つコンサル業界を変えた大きな流れに「アウトソーシング」の浸透がある。2000年代以降、元々クライアントが行っていた業務を、コンサルティングファームが丸ごと引き受け、低賃金で人員を稼働させることのできるインドや中国といった国へ移転させるという流れが加速した。

私はアンダーセン（現・アクセンチュア）時代に、世界最大の通信会社であるアメリカのAT&Tで働いていた。

当時、AT&Tのオペレーション部門には約1000人の従業員がいて、AT&Tはその部門のコスト改革を考えていた。そこで、アンダーセンがその1000人を丸ごと買い取った上で、彼らを「アンダーセンのコンサルタント」としてAT&Tに提供するというアウトソーシングを行ったのだ。

アンダーセンがAT&Tの1000人の従業員を丸ごと買い取ったのは、一見すると無駄なことのように思えるが、実はそこには大きな経済的メリットがある。

AT&Tにとっては、1000人分の人件費を丸ごとアンダーセンに支払うだけで、同じサービスを受けられる。一方、アンダーセンは、その後業務改革を進めることで、1000人でやっていた仕事を500人で行えるように効率化できる。すると、AT&Tから受け取る1000人分の費用のうち、500人分が丸々利益になるというわけだ。

結局、この案件を通して、「アンダーセンのコンサルタント」は、一気に数百人増えたことになる。

世界規模でアウトソーシングの流れが起こり、同様の案件が無数に発生した。それに伴い世界中でコンサルタントの人員が爆発的に増えていったのだ。

もちろん日本も例外ではない。昔、三菱やパナソニックといった日本の大企業では、ビジネス活動に必要なあらゆる機能が社内に存在した。人事部門や経理部門では大量の人員を雇っていた。それどころか、今では考えられないことかもしれないが、一級建築士や医師、弁護士までをも抱え、すべてを内製化していたのである。

アウトソーシングの流れは、日本企業の内部の従業員が、外部の「コンサルタント」として生まれ変わることとして表れた。

コンサル業態の変化が不可避だった構造的な理由

このように、コンサルティング業界が少数精鋭でバリューの高い経営アイデアを提供するという業態から離れ、大規模で長期的なシステム開発のビジネスへと移り変わっていったのも、無理はないだろう。

自分がコンサルティング会社の経営者になったつもりで想像してみてほしい。

たとえばある会社で革新的な製品を生み出すためのアイデアを求めて、コンサルを募るとしよう。そうしたプロジェクトで実際に招集されるのはせいぜい3～4人だ。

かたやシステムプロジェクトにもなれば、集められる人員は100人にも上る。しかもシステム関連の案件はプロジェクトの期間も長い。大人数のコンサルタントの仕事が長期間にわたって確保されるのだ。

コンサルファームの経営という目線に立ったとき、どちらのプロジェクトを受注した方が儲かるだろうか？

後者の方が断然、収益性が高いのは言うまでもない。

コンサルビジネスを考える際、利益率を大きく左右する要素として「不稼働時間」を考慮に入れる必要がある。

コンサルティング案件では、プロジェクトとプロジェクトの間に不稼働時間が発生してしまう。たとえば、3ヶ月間のイノベーション案件を成功裏に終えたとしても、次の案件を獲得するために1ヶ月間営業活動を行うことになれば、その1ヶ月間は収入がまったく発生しない不稼働時間となってしまう。

一方で、システム開発案件は2年以上続くことも珍しくないため、不稼働時間がほとんどなく、利益率が非常に高くなるのだ。

だからこそ、コンサルファームは利益率が高いシステム案件の受注に躍起になる。

このような構造的な要因があって、コンサルタントの数は、私が働き始めた２００0年前後から10倍以上に増え続けている。

ただし、真の意味で「バリューを出せる」コンサルタントの数が10倍になったかといえば、甚だ疑問だ。

現在のコンサルタントの多くは、実態として旧来の企業の実務をそのままアウトソーシングした仕事に従事している。それにもかかわらず、「経営戦略に参画できる超一流の人材」という少数精鋭の時代のイメージのまま、今のコンサルタントを一括りにまとめるから、実態とのギャップが生じているのだろう。

「高級作業員」と「コンサル」の違い

新しい価値を創造することと、プロジェクトを管理することは完全に異なる仕事だ。

私は、真の意味でのコンサルタントは１％残っているかどうかと踏んでいる。残りの

99%の人々はコンサルではない。

年々、コンサルタントの数が増えていったことで、コンサルが「高級作業員」と揶揄《や ゆ》されることも増えた。しかし実は、コンサルが「高級作業員」であるという側面自体は昔から変わっていない。

たとえば、若手のコンサルが「明日までに徹夜でエクセル表を作れ」と作業依頼を受けたとする。

その際、作業をこなす人と、作業の意味を考える人に分かれる。言われた依頼を無思考でこなそうとする人と、立ち止まり、「この作業はお客さんにとってのどんなバリューにつながるのか」を考える人とでは大きな違いがある。

後者の思考で仕事をする癖がついている人は、必ずどこか正しいタイミングで価値のある提案を行うことができる。与えられた作業をただこなすのではなく、どんなバリューを足せるのかを考え続けるのである。

いつの時代であろうと前者の行動様式から抜け出せない人は存在する。そうした人は、「高級作業員」と呼ばれても仕方がない。しかも、高級作業員に限って「私の専門はこうだ」とか「経営者と何かをしたい」と口にする。バリュー思考で考えられない人が経営者と肩を並べて仕事ができるわけがない。

だからこそ、たかがエクセル表かもしれないが、粘り強い問題意識、バリュー思考が大切なのだ。マネージャーさえも気づいていなかった視点を指摘し、それがお客さんの耳に入る。それにより、お客さんから「ちょっと話を聞かせてよ」と声をかけられるチャンスは実際にある。

確かにコンサルの仕事は長時間労働で激務かもしれない。眠気と疲労で集中力を失うこともあるかもしれない。だからといって、上司を見て仕事をしてはならない。あくまでも向かうべきはクライアントであり、考えなければならないのは「どうやってバリューを出すか」、この一点のみだ。

コンサルは究極のサービス業である

ポジティブ思考がバリューの起点になる

正直なところ、コンサルは万人に勧められる職業ではない。なぜなら、どこまでいっても滅私の精神でクライアントに仕えなくてはならないからだ。

クライアントから寄せられる無理難題にむしろ喜びを覚えるくらいのマインドセットが望ましい。プレッシャーに潰されるのではなく、アドレナリンに換えていく。

「クライアントを喜ばせ、最後は笑って一緒にお酒を飲む」――最終的に得られることの報酬を渇望できるかどうかが大切だと思う。バリューは利他の先にしかないのである。

コンサルに依頼が来ているということは、クライアントは何か悩みを抱えている。コンサルタントが何らかの分析を通じて、「あなたはダメです」と指摘をしても仕方がない。クライアントは、そんなことを言われなくてもわかっている。ダメ出しに価値はない。

あくまでもバリューだけを追い求めなくてはならない。その意味で、持つべきマインドセットとしては、ネガティブ思考よりもポジティブ思考の方がバリューにつながりやすい。

「コンサル」という看板を持った時点で、なんの根拠もなく「自分は偉い」という気持ちになり、上から目線で話す人が多くいる。しかし、逆の立場から物事を見れば、その態度が尊大以外の何物でもないことにすぐ気づくだろう。クライアントはその業界で何十年も同じ仕事に取り組んできたわけだ。そこに若造が来て、「あなたのパフォーマンスは悪い」と言い放ったら、どう感じるだろうか。

バリュー思考が身についていれば、相手に偉そうな態度を見せることはあり得ない。報酬を払うのはクライアントである。決してそのことを履き違えてはならない。「あなたの会社はダメです」と相手を否定したところで、やる気は引き出せない。むしろ、「この環境でよく今まで頑張ってきましたね。価値を出せば絶対に広がるはずです」と後押しされた方が、クライアントも俄然やる気が出る。こうしたやり取りもコンサルタントのスキルに他ならない。

コンサルティング業務は決して一方通行ではない。むしろ超インタラクティブとさえいえる。コンサルがやる気になればクライアントもやる気になる。クライアントがやる気になれば、コンサルはもっとやる気になる。この循環を絶やしてはいけない。

優秀なコンサルほどクライアントからアドレナリンを引き出し、それを自分に吸収させることができる。コンサルタントは体力勝負の側面が大きい。だからこそ、コミュニケーションから元気を絶やさないテクニックを身につけたい。たとえば、徹夜をしたら目の下にクマができやすい人は、ファンデーションで隠すのも手かもしれない。いかに顔に疲れを出さないか。表情には気を遣うべきだ。

「クライアントと共に泣いて、抱き合ったことはあるか？」

世の中ではワークライフバランスこそが幸福と思われている風潮があるが、私はむしろワークである、クライアントとの関係性の中に幸せを感じる。そこで得られる高揚感は日常では得られないものである。

とはいえ、私自身、何も初めからこうした価値観を持っていたわけではない。今は労働基準法が厳しくなっているので変わっただろうが、私がコンサルとして働いていたときは、徹夜が日常だった。20年間電車で帰れたことはほとんどない。常にタクシーを使う生活だった。土日にしてもほとんど休みはない。

それにもかかわらずプロジェクトは失敗することが続いた。疲労とストレスから段々と投げやりになり、ついにはプロジェクトが成功するかどうかよりも、「この忙しいプロジェクトも、とにかくあと3ヶ月もすれば終わるのだ……」ということだけを考えて仕事をするようになった。

そんな私の価値観、仕事の姿勢を根底から覆し、決定づける言葉を当時パートナーだった安間裕さんが投げかけてくれた。

当時、あるプロジェクトがうまくいかず、私は自己嫌悪に陥っていた。お客さんから「このプロジェクトはいったん終わりにしよう」と提案され、「ラッキー」と内心思ってしまっていた。プロジェクトから逃げられると思ってしまったのだ。

そんな折、安間さんと飲みに行った際、

「お前はクライアントと泣き合ったことがあるか？　泣いて、抱き合ったことがあるか？」

と問いかけられた。

この言葉が当時の自分に突き刺さった。当時、私はシニアマネージャーとして部下を率い、毎日徹夜で働いていた。それでも内省してみると、心の底からクライアントに誠意を持って向き合えてはいなかったかもしれない。「プロジェクトが失敗に終わったのは、自分のことをクライアントが理解してくれていなかったからだ」と、責任転嫁していなかったか。

悔しさが込み上げてきたものの、それからは視点を変え、「クライアントと泣き合うためにはどうすればいいのか」を考えるようになった。

そこで部下を招集し、みんなの意志を確認するところから始めた。「俺はクライアントと泣き合ってみたい。だけど、みんなには自由意志がある。一緒にやるかを決めてほしい」。そう聞くと、メンバーは口を揃えて「やりましょう」と答え、ついてきてくれた。翌日から、劇的に私たちのチームの仕事のやり方、マインドセットが変わった。今までだったら「面倒くさい」だったタスクから、「どうすればあの人は喜んでくれるか」に視点が変わったのだ。

品質の合格ラインに合わせるのではなく、「喜ばせる」がゴールであるから、パフォーマンスをいつも以上に出さなくてはならない。仕事のハードルは上がったのに、なぜかチームメンバーの表情はイキイキとしていて、仕事が楽しくなった。正直なところ、残業時間はさらに増えた。それでもチームを取り巻く雰囲気は充実に満ちていた。平気で夜中の2時、3時にミーティングを行っていた。

今までは嫌々やっていた仕事に不思議と活力がみなぎっていたのだ。結果、プロジェクトが終わった際には、クライアントから「ここまでやってくれるとは思わなかった。何かあったんですか?」と尋ねられたので、安間さんからもらった言葉を伝えてみた。すると、その言葉にクライアントも感動し、「自分たちの会社のためにここまでやってくれたんだ」と、本当に泣き出した。その姿を見て、私たちのチームも泣き出し、本当に抱き合えた。安間さんが伝えようとしていたことを、本当の意味で実感できた瞬間だった。この経験を経て、私のコンサル人生は変わった。心の底から「こんなに楽しい仕事はない」と思うようになった。

自分の時間の価値ある使い方を知る

だからこそ、若手のコンサルにこれだけは伝えたい。一度でいいから死に物狂いでクライアントのためだけに仕事に取り組んでみてほしい。そこで成功体験を得られたのなら、あなたのコンサル人生は確実に上向いていくはずだ。土日に仕事をするのであっても、「これ以上楽しい土日の過ごし方ってあるんだろうか？」とすら思える。

だからといって、仕事以外のすべてを犠牲にしなければならないというわけではない。たとえば、「土日に仕事をしてしまったら、パートナーとの食事に行けないかもしれない」と思うかもしれないが、よくよく考えれば「仕事もして、食事にも行く」という選択肢もある。土曜日の18時までに全部終わらせれば、その後レストランに行って飲むことができる。

コンサルタントは時間の価値を意識する必要がある。たとえ休日であっても、「1日」という単位ではなく、「1時間」という単位でやるべきこと・やりたいことを考えるべきだ。

コンサルタントとは、特殊な職業である。一般的な価値観では、はかれないところがある。かっこいい企業で働きたい、お金も欲しい、でも恋愛を楽しみたい、趣味に力を入れたい、休日も欲しい……といったような願いを、「すべてほどほどに叶える」ということはできない。コンサルタントになるなら、まずはその中から自分にとって価値あるものを選ばなければいけない。

土日という時間に、一切仕事を持ち込みたくない、勉強もしたくない、趣味やぼんやりする時間に充てたい、というのは一つの価値観だと思う。ただ、それはコンサルタントには向いていないだけで、それを受け入れることも大事だ。

一度、死に物狂いで仕事に取り組んだ結果、時間と労力をそこまで仕事にかけたくないと思ったのなら、それは気づきとして非常に貴重なことだ。

私の大手外資系ＩＴ企業に勤める友人の中には、朝早くから犬の散歩をして、波が良ければ仕事を休み、サーフィンに出かけることに人生をかける人もいる。「会社に来ない」ために、自分で社内にポジションを作り、人生設計をしている人がいるのだ。仕事以上に波に乗ることが好きなら、それにできるだけ時間を捧げられるような働き方をすればいいというだけの話だ。これも素敵な生き方である。逆に誰もができることではない。

自分の限られた人生の時間を何に使うべきか、というのは、一度何かに全力で時間を投入することで初めてわかることでもある。そのきっかけの一つとして、仕事というのはわかりやすいと思う。

「好きを仕事に」はコンサルでも実現できる

あなたにもし熱中していることがあるのだとしたら、その「好きなこと」を考え方次第で仕事にできるというのも、コンサルタントの魅力である。

たとえば、私がアクセンチュアにいた頃、エンターテインメントメディアの領域でコンサルは存在しなかった。やはり自分が好きな業界のプロジェクトができたら楽しいに違いないと考え、エンターテインメント&メディアグループを少人数で立ち上げた。たとえばゲームセンターを作ったり、アメリカの映画のプロモーションの一環として六本木ヒルズでイベントを行ったりした。そうなると、趣味と仕事の境界が溶けていく。

この感覚に心地よさを覚えると、自然に好きなことの方に自分の仕事を向けるようになる。だからこそ、それまではコンサルの領域と見られていなかった映画産業に進出することを自ら推進した。確かにコンサルが伝統的に主戦場とする製造業に比べて、エンタメ・メディアは市場が小さい。それでも、それなりの規模でマネタイズする仕組みを考えることができれば、ビジネスとして成立する。

私はエンタメ・メディアを開拓するため、通信会社を口説くところから始めた。当時、通信会社の差別化はプリインストールされたアプリだった。ユーザーがどの通信会社と契約するのかは、「ドコモの携帯には、このアプリが入っているから」という理由で決められることが多かったのである。

そこで、今で言うネットフリックスのような「ＯＴＴ（Over The Top：インターネット回線を通じてコンテンツを配信するストリーミングサービス）」を提供するため、映画会社を作ることさえ提案したこともある。私は、エンターテインメントの強力なコンテンツを自社販売の端末にアプリとして組み込めるのであれば、どの通信会社もお金を払うはずだと確信していた。

考え方一つで、通信会社も家電会社もエンターテインメント事業に拡張ができるのだ。私が立ち上げたエンタメ・メディアのチームは、今では巨大な組織になっている。

なぜ私が20年間コンサルにいて、メディアに出続けられているのか。その考えの根底にもバリューがある。理由はシンプル。毎回、自分自身に貼るタグを変え続けてきたのだ。

クラウドコンピューティングが登場した際には、私はその分野で本を出版し、専門家となった。その後、ＯＴＴやエンターテインメントメディアが現れたときには、エンタメの専門家へと変貌を遂げた。そして、今では青山学院大学の教授として、教育の分野で専門家として活動している。常に時代の変化やクライアントの要請に合わせて、自分自身を変身させてきたわけである。

コンサルの本分とされる「戦略」を正面から自分の武器として喧伝するには、それこそ研究者として生きるほどの気概がなければ、頭一つ抜け出すのは難しい。

しかしクライアントや市場の立場に立ち、コンサルタントとしてのバリューに向き合えば、研究者とは違う価値を提供することも可能なのである。

コンサルにとってのクライアントとは？

コンサルの仕事には必ずクライアントが存在する。このとき、クライアントとは一体何を指すのか考えたことはあるだろうか？

コンサルなら、クライアントとは「企業」だけではなく、「その企業内のプロジェクトの発起人」のことも考慮する必要がある。つまり、あなたに発注をしてくれた本人だ。あくまでも「この人」が何を求めているかを考えなくてはならない。

たとえば、この人は過去に社内で3度プロジェクトを失敗しており、今回私たちに発注されたプロジェクトはもう絶対に失敗できない背水の陣であるという状況だったらどうだろう。そうなると、発揮するべきバリューとは、この人のプロジェクトが役員会で「成功」と認められることだといえる。

すると、「成功と評価されるには役員の中で誰と誰を押さえればいいのか」「彼らが望んでいることとは何か」といったことを把握する必要がある。さらに極端に言えば、「このプロジェクトより評価されそうな、社内のライバルのプロジェクトはないか。あるならば、どうやって潰すか」といった戦略までを考えなければならない。

そのように考えを進めて得られるソリューションは、あくまでも「発起人が得をする部分最適」であって、「会社にとっての全体最適」とは言えないかもしれない。そのプロジェクトが会社そのものの成功とイコールで結びつかないことがあるのだ。

しかし、もしそうであっても、コンサルはいつのときも、「契約している人」に対するバリューに忠実でなくてはならない。

コンサルは、なぜここまで徹底すべきなのだろうか？

特にBIG4と呼ばれるコンサルファームでは、一つのプロジェクトの発注によって数千万円という高額のフィーが発生するため、その決裁は役員会にまで及ぶ。発起人が、社内でいかに苦労してプロジェクトを立ち上げているのか、その背景にまで気を配らなければならない。するとコンサルとしての姿勢も自ずと決まる。

また、そもそも高額のコンサルフィーを支払えるクライアントが無数に存在するわけではない。だからこそコンサルタントにとって、いかに長く同じクライアントに契約を更新してもらえるかが最重要となる。

プロジェクトを打ち上げ花火で終わらせないためにも、バリューを継続して出し続けなければならない。時に、クライアント企業よりも発注者個人を優先し、その人の幸福のためだけに行動する。だからこそ、コンサルとして指名されるほどの人気が出るのだ。

肩書や企業名ではなく、自分の名前で仕事をする

コンサルタントはお客さんを喜ばせるエンターテイナー

私がイメージするコンサル像は、エンターテイナーのイメージに近い。私自身、10～20代をプロミュージシャンとして過ごしたバックグラウンドがある。本質的にミュージシャンとコンサルタントは同じである。自らの喜びのためだけに演奏しているミュージシャンがいるだろうか。ミュージシャンはライブに来たオーディエンスを

喜ばせることが仕事だ。それ以外には何もない。演奏や楽曲を喜んでくれるオーディエンスがいるから、結果としてCDが売れて、有名になる。

だから有名なコンサルファームに属しているからといって、その人に価値があることにはならない。人はａｖｅｘの歌手だからライブに行くのではなく、たとえば「浜崎あゆみ」という特定のアーティストのファンだから足を運ぶのである。だから私は「デロイト」や「アクセンチュア」というファームの看板を自分にぶら下げようと思ったことは一度もない。むしろ、「松永エリック」というブランドをどうやって育てるかしか考えていなかった。

ＳＮＳが普及した現在では珍しくなくなった考え方だが、私がコンサルで働き始めた当時は異端とされ、「目立とうとしたところで、そんなの金にならない」とずいぶんと非難を受けた。それでも、元々芸能界に触れていた感覚からすれば、どんな業界であろうが個人として名を上げることは確実に助けになる肌感覚があった。どんな業界であろうと、お客さんは顔と名前を知っている人物に感激することがある。

コンサルの仕事は確かに黒子かもしれないが、それでもコンサルタントは全員が自分の名前を売る努力をするべきだと思う。「ＸＸ会社」「ＸＸ大学」などの肩書で感心されるより、自分自身の名前によって、喜ばれるのを目指したい。

新しいファームへ転職したとき、以前までのクライアントに挨拶に行ったことがある。そのときに言われた言葉をいまだに覚えている。「名刺なんていらないよ。俺はエリックがどこの会社に行こうが、エリックという人間にオーダーするんだから」と。その方とはSNSでつながっているので、実際に仕事もSNSを通じて相談をしてくださった。会社と会社ではなく、個人と個人でつながる。理想的な関係構築ができていると思った。自分がどのファームに属していようが、指名で仕事をもらう。全コンサルタントはこの仕事のあり方を目指すべきだと思う。

また、バイネームで仕事ができることによって、仕事のスケールも大きく変わってくる。

たとえば、私が野村総研にいたとき、ある政府系のクライアントの案件を最初に開拓した。その後、プロジェクトチームには私が選んだ優秀な部下を残して、私はデロイトに移った。面白いことに、そこでまた、その政府系のクライアントからコンサルティングの依頼が来たのである。

もちろん野村総研での案件と直接的に競合してはいけないので、今度はグローバル領域に注力したプロジェクトを並行して進めるようにした。そして次に私がＰｗＣに移ったときには、やはり同じクライアントからの依頼があり、違うバリューを生かして新プロジェクトを立ち上げた。

結局それぞれの案件は今でも続いていて、３つの異なるチームが私に関与している状況である。今はクライアントは私に対して、第三者としてこれら３つのコンサルファームをどう管理するかを非公式にであるが尋ねてくる。コンサルタントとして至福の時である。

別件でも、競合するファームを同じプロジェクトに組み入れることがある。ＫＰＭＧ、ＰｗＣ、デロイトが一緒になってあるプロジェクトを協力して務めたのだ。通常、競合するコンサル会社がチームとなって協力するようなプロジェクトはあり得ないそうだが、クライアントのためであれば、現実にそれを行うことはあり得るのである。つまり、バリューさえあれば何でも実現可能だということだ。

1章

クライアントのニーズに応えるための基本作法

1章では、最も具体的で基本的な仕事術を紹介する。新人が任されるような仕事であっても、「自分のバリューを出すこと」を意識すれば、一気に戦略的な面白さが広がる。また、頭でっかちなコンサルタントが意外におろそかにしがちな、クライアントに誠意を示せるような仕事の姿勢を説く。

地頭のよさで信頼は勝ち得ない

凡事徹底により、信頼を積み上げる

クライアントからの信頼を獲得する道に王道はない。誰も思いつかないようなイノベーティブなアイデアで信頼が生まれるのではない。着実に仕事をこなすことが信頼を一歩一歩積み上げていくのである。

たとえば、ミーティングが終わった後、クライアントにフォローアップのメールを必ずする。会議には必ず10分前には到着し、準備をする。

接待の際も同様で、私が日立時代に学んだのは、指定された時間の30分前に到着し、待つことだった。「待たせてはいけない、待つのが仕事だ」と教えられた。立場が上になった今、その教えの意味がよくわかる。

それでも、どうしても約束の時間に遅れてしまいそうになることはあるだろう。そうした際は、相手にどう伝えるかに気を配らねばならない。そもそも、少しでも何らかの事情により遅刻する可能性が予見される場合は、事前に連絡をしておく。連絡が当日になってしまったとしても、「今炎上していまして」と途中経過を伝えるだけでも、信頼は保たれることがある。細かな配慮を欠くことで、無駄に信頼を失ってしまっている人が多い。

あとは言うまでもないことであるが、どんな状況であろうが嘘は絶対に言ってはならない。嘘で失われた信頼は取り戻すことが限りなく難しくなる。グレーゾーンの表現は嘘ではないが、どんな小さなことでも嘘をついてはいけない。やっていないことをやったと言ってしまったり、実際より大げさに言ってしまったりすることは避けるべきだ。30％しかやっていないことを「やった」と言うかどうかは判断が難しいが、まったくやっていないことは絶対に「やった」と言ってはならない。

くだらないこと、言われるまでもないことと思われるかもしれないが、凡事徹底が信頼に直結するのだ。

プロフェッショナルに「やらされ仕事」は存在しない

年次に関係なく、コンサルはDAY1からプロフェッショナルとしての自覚を持ち、バリュー思考で仕事に向かわなくてはならない。

とはいえ、新人が役員と同じ価値を出せるわけではない。新人には新人なりの価値の出し方があるのだ。

たとえばそれが、一つ一つのメールの文面、議事録のとり方、エクセルの作り方に表れる。こうした仕事は一見地味に見える。単純作業の繰り返しじゃないかと、腐る人もいるかもしれない。

しかし、あなたがもしプロなのであれば、「やらされ仕事」は一切存在しないと考えた方がいい。

たとえばプロのミュージシャンは、お客さんにやらされて音楽を演奏するのだろうか？　もちろん違う。どうしたらお客さんが感動するかを自分の頭で考え、「いい演奏」を提供し、お金をもらう。それは決してやらされていることではない。

ビジネスパーソンも同じである。ただ単に、仕事をしてお金をもらうわけではない。「作業」ではなく、「いい仕事」をしてお金をもらう。私はそれがプロだと思う。

たとえばエクセルの資料作成であっても、どうすればクライアントや上司が喜んでくれるかということを考えて仕事をすることはできる。データの並べ方、ラベルの付け方、罫線のデザインといった基本の要素を組み合わせることで、人に喜ばれる資料ができる。小さく見えても、それはれっきとしたあなたのバリューである。

厳しい言い方をすると、新人の頃にバリューを考えて仕事に向き合っていない人は、ベテランになっても考えない。新人の頃からバリュー思考で仕事をしている人と、自分の価値は開き続ける一方で、いつしかそれは大きな差になっている。

そういう意味で、若い人の地味に見える仕事は、周りの人との差をつけるチャンスであり、それはゴロゴロといくらでも転がっているのである。

会議設計や議事録の作成一つをとっても、深く考えて取り組めば必ず新たな発見がある。Aさん、Bさん、Cさん全員が一生懸命に取り組んでも発見はそれぞれ異なるだろう。これこそがその人の個性である。そして誰かからその個性を評価されることがあったなら、それを広げるべきだ。それが揺るがない実績となる。

一方で、中堅以上になってから一線級の人材との差を縮めようとするならば、自分の受け身な仕事への姿勢を徹底的に反省しなければならない。とはいえ、今やらなかったらもっと差が開いてくるから、今やるべきだ。すでに出世している同期に追いつくのは難しいかもしれないが、その姿を見ていたのならば、何をすべきかは、自ずとわかるはずだ。

地頭がいいからといって、仕事ができるわけではない

コンサルの現場ではよく「地頭のよさ」が話題に上る。近年では一般的にも使われるようになった言葉だ。明確な定義もない言葉であるが、私はこれを「運動神経」と

して捉えるようにイメージしている。

思い返してみてほしい。幼稚園の頃から飛び抜けて足の速い児童がいたはずだ。運動神経が抜群で、どんなスポーツをやらせてもこなしてしまう子供がいるだろう。その脳みそ版とでも呼ぶべきものが「地頭」である。本人の努力なしにそもそも秀でた脳みそを持っている人たちのことを「地頭のいい人」と呼んでいるだけだ。つまりは脳の才能の話である。

だから、「地頭のよさ」に優れただけでは仕方がない。むしろ天から授かった部分は諦め、努力でカバーできる部分に目を向けた方が生産的だ。もちろん大谷翔平やイチロークラスの超一流選手は才能と努力の掛け算によってあの境地に達したのは疑いの余地がない。しかし大谷から学ぶべきは天才性の部分ではなく、練習や食事といった彼のストイックな努力の部分だ。

そもそも地頭がいいからといって、仕事ができるわけではない。ましてや、地頭がいいからといってクライアントに信頼されるわけではないだろう。表面の化けの皮はすぐに剥がされる。むしろたとえばせっかくブランドがあるのに「東大のくせに」と揶揄《やゆ》されてしまう方が損だ。本書のテーマである「バリュー」を出す上でも地頭のよさは関係がない。バリューは才能に関係がなく、全員にチャンスが開かれている。

自分が満足だから、相手も満足させられる

誰しもが地頭のよさを身につけられるわけではないが、アイデンティティや個性は全員が必ず持っているものだ。バリューから逆算して自分の行動を自分で考える癖がつけば、結果として個性的になれる。にもかかわらず、地頭をコンプレックスに引きずってしまうのはもったいない。その道を行けば、むしろ個性がどんどん潰されていってしまう。

客観性を失うことなく、あらゆる視点から自分の価値を見つめ直そう。自分の価値が発揮しやすい領域で努力を重ねることで成果が出る。他人が何を言おうが、自分が価値を発揮できれば、自ずと満足感や幸せとは何かもわかるようになる。

突き詰めると、「バリュー」は一人称から導かれる概念である。他者から認められたいという承認欲求からバリューは生まれない。まずは自分で自分の価値を認めるこ

とがスタート地点だ。それを突き詰めた先に、結果的に誰からも認められるバリューが生まれる。

そもそも自己肯定なくしてモチベーションは続かない。「好きこそ物の上手なれ」ではないが、自己満足が邁進《まいしん》の原動力となる。他者の目を気にしてばかりいたら、どこかでガス欠が起こる。自分が満足だから、相手も満足にできる。このシンプルな方程式を忘れてはいけない。

クライアントとのコミュニケーションの極意

戦略的な「To」「CC」「BCC」の使いこなし方

メールを送る前に、必ず考えなければならないことがある。それはこのメールを、誰に「To」で送り、誰に「CC」や「BCC」で送信するかである。些細なことに思えるかもしれないが、戦略的な使い分けが重要である。日本では意図もなくあらゆる人をメールの宛先に加えているが、海外では、皆が当たり前にCCやBCCを戦略的に使い分ける感覚を持っている。

まず意識すべきはむやみやたらとＣＣに人を入れ過ぎないこと。波風を立てそうな人はＣＣに含めない方が吉だ。あとは必ず開封してもらうため、タイトルには工夫が必要だ。緊急度の高いものは【至急（ＵＲＧＥＮＴ）】と記し、目立たせることを心がける。

メールは一回送って終わりではない。場合によってはフォローアップのメールをうまく使うことがある。たとえば、まずは一通メールを送る。ただし、特定の人にはニュアンスを誤解してほしくないため、フォローアップのメールを「Ｔｏ」で出す。メールには議事録と同じようなエビデンスとしての効力がある。だから余計なことは書かず、簡潔かつ明確な内容を心がける。

メールの上部に記載されている宛先の欄を注視してみると、「この人に、これを伝えたいのだな」と、そこに込められた意図をうかがい知ることができる。

海外のシビアな案件では、あえて意図的に間違えたふりをして、ＴｏやＣＣに特定の宛先を入れなかったケースを何度も見たことがあるほどだ。

言わずもがな宛先に入っていなければ、情報は入ってこない。情報を把握できていないから、ミーティングでとんちんかんなことを発言してしまう。あえてこうした立場に追い込むケースを何度も目にしてきた。

メールの送り主が「CCに入れ忘れていました」と後からお詫びをしたところで、宛先から外された人の会議での的外れな発言の印象は拭えない。それに、「あなたは議事録が送られていなかったことに気づいていなかったのか？」相手からメールが送られてこないとあなたはコミュニケーションをとれないのか？」と追及されているシーンを見たことがある。

こうした光景を目の当たりにするにつれ、メール一つにも神経を尖らせるようになった。あとは、情報収集の源をメールだけに頼るのが怖くなった。だからこそ、プロジェクトのキーマンと固いリレーションを築き、常に重要事項を漏らさないようになった。特に海外のシビアなプロジェクトでは、どこに落とし穴があるかわからない。

メール一通で違いを出すためのコツ

日本人がしばしばメールの冒頭に書く挨拶の一切を私は省略している。「お世話になっております」程度の最低限の形式は守るが、それ以外の冗長な挨拶は邪魔でしかない。海外とのやり取りではお飾りの言葉は一切書かない。

一方、クリティカルなやり取りを経て、一息つく際に心がけていることがある。たとえば、メールの相手が自分と同じく音楽好きだという噂を聞いたとする。そうしたとき、メールの文末に「今日外を歩いていたら、ささやいている風がジェフ・ベックみたいだった」などの雑談を記しておく。すると時々、「あなたもベックが好きなんですか」と関心を釣れることがある。もちろん、事前に「あの人は音楽が好きらしい」と相手の趣味嗜好を噂で押さえた上で文章は練るわけだ。

「実は私、元はプロミュージシャンだったんですよ」と自分のバックグラウンドをそれとなく伝えることで、興味を持ってもらえることがある。そうしたら、「今度ゆっくり会いましょう」と親睦を深める機会につながるわけだ。実際、こうしたやり取りを経て懇意になった大企業の重役は少なくない。

あとは細かで狡猾なテクニックではあるものの、クライアントに対して精いっぱい仕事に取り組んでいることをアピールするため、あえて深夜の時間帯に狙いを定めてメールを送ることもある。仮に夕方には作業が終わっていたとしても、その報告をあえて深夜や早朝に送るのだ。

ここで言いたいのは、メール一つとっても頭を使えば、いくらでも工夫の余地があり、チャンスにつながる可能性があるということだ。

電話よりも対面コミュニケーションの方が得られる情報は圧倒的に多い

コミュニケーションツールとしてメール以外に電話があるが、最近私はほとんど使うことがない。もちろん急ぎの用事や、テキストだとニュアンスが伝わらない際には電話をすることもある。

そうした場合には、むしろ電話よりも直接会いに行くことにしている。しかも相手に来てもらうのではなく、必ず自分が出向くことを心がけている。現在、学部長という立場にあり、多くの学校からミーティングの要望が来る。他校との打ち合わせも、私は相手を呼びつけるのではなく、こちらから出向くように心がけている。その学校の様子がわかり、相手の態度もより見て取れるからだ。

コンサルタントのパートナーだったときも、できるだけ相手の会社まで出向いていた。そうすることで、相手にも誠意が伝わり、いい結果を生むことが多い。ただし、移動時間がかかるので少々面倒ではあるが、現代ではタクシーで移動しながらも仕事ができる。私も実際、移動中の時間を有効に使っている。電車内では難しいが、仕事の効率を考えるとじかに話すことの重要性は極めて大きい。タクシー代は、時間とバリューをお金で買うと思えば高くないはずだ。

メールなどのテキストコミュニケーションには無駄がない。基本的に要件のことを話すだけだ。対して、フェイスtoフェイスのコミュニケーションの場合、アイスブレイクがあったり、終盤に雑談が発生したりすることがある。私はむしろこうした無駄な時間をすごく大事にしている。雑談を通じて相手の思考を探ることができるからだ。

話の前後の文脈から、話し相手が大切にしている価値観をうかがい知ることができる。それと同時に、自分と相手の相性を推し量ることもできる。

私は基本的に人間関係に関わるコミュニケーションに長けた方ではあると思っているが、それでも越えられない相性の壁はある。当然ながら中には気の合わない人もいる。相性の悪さに埋められない溝を感じた際は、あえてそれ以上関係を深めようとはしない。お互いにとってハッピーな状態にならないからだ。

その意味でも電話よりも直接会う方が、相手から得られる情報量が多い。電話の致命的な欠点は、相手の視線が見えないことだ。相手の表情が見えないので、誤解が生まれることもあるだろう。電話では怖い印象だったのに、会ってみると意外といい人だった、なんてことはよくある。その意味で一番好ましいコミュニケーション手法は対面、次にZoomをはじめとしたオンライン会議ツールになるだろう。

ビジネスの世界で目的のない雑談は存在しない

一人一人のお客さんの人となりを知るためのデータベースがあるわけではない。だからこそ、私はクライアントとの会話をとても大切にしている。

たとえば、どんな生い立ちで、どんな家族構成で、何を趣味にしているのか、答えやすいように配慮しながら次々と質問を投げかけていく。詳しく話を聞く過程で自分との共通項が見つかるかもしれない。何気ない会話に思うかもしれないが、実は雑談には駆け引き、ネゴシエーションの要素が多分に含まれている。雑談もまた戦略ツールなのである。

ただ楽しいおしゃべりは友達とすればいい。ビジネスの世界で目的のない雑談は存在しない。トラブルが起きた後は雑談をする余裕などない。そうであるならば、トラブルが起こる前に、雑談を通じて関係を構築しておいた方がいい。ビジネスの世界で迂闊《うかつ》に誰かの悪口を言うのはリスクが伴う。一方、だからこそ一気に仲を深められるトリガーになることもある。その意味で、何気ない雑談も戦国時代でいう陣取り合戦のような側面があるわけだ。

苦手な相手とどう向き合うか

あるプロジェクトでソリが合わず、会議で敵対してしまった人がいたとする。そうした際、あなたなら会議が終わった後にどうするだろうか？　その相手を見て見ぬふりをするか、それともメールで謝罪を入れるだろうか。私は決して相手の顔を潰すことはしない。むやみに敵を作ると、後々苦労することになる。

そんな場合、私は必ず、会議が終わると同時にその相手の元に行き、「お時間あれば少しお話をしませんか？」と誘い、二人で話す時間を作るようにしている。もちろん内心は億劫《おっくう》ではあるものの、実際に二人で話をしてみると、面白い変化が起こることが少なくない。

「余計な気を遣わせてしまってごめんなさい。間違いがあれば遠慮なく指摘してください。もちろん、もし私が力になれることがあればいつでもお声がけください」と声をかける。すると、「実は俺こんなことを言いたかったわけじゃないんだよ。ごめん」と逆に謝られることさえある。

相手が妙に突っかかってくるときは、背景に何らかの理由がある。それは必ずしも人間的な相性の悪さとは関係のないものだ。相性が悪い人はただ無視をするだけだ。会議などで激しく話してくる人は、チャンスだと私は考えている。

ネガティブは往々にして興味の裏返しである。相手のいい部分を見つけ、指摘してあげればいい。コミュニケーション一つで相手は敵にも味方にもなるからこそ、こうしたやり取りをいつも心がけている。

議事録はエビデンスであり、戦略そのものである

議事録は新人の簡単な仕事ではない

どんな仕事でも、新人がまず仕事として渡されるのが議事録の作成だ。書く方はとりあえず過不足なく正確に書けばいいと思っているし、読む側は文言のチェックだけすればいいと思っている。勘違いされがちであるものの、実はコンサルタントにとって議事録はとても重要な仕事である。なぜならクライアントとの関係構築の戦略の重

要な部分を占めるからだ。ある意味、会議の進行と同じくらい議事録にも気を遣うべきだ。

議事録には必ず、議事録に書かれたことが正しいことを確かめる承認行為が発生する。仮に議事録がないミーティングがあったとしよう。人間の記憶は曖昧なので、すぐに「言った」「言わない」の応酬が起きるだろう。だからこそ、議事録は圧倒的なエビデンスになるのだ。そのため私は、自分が関わるプロジェクトでは議事録に相当な力を入れていた。重要度の高いプロジェクトに関しては、自分が役員になった後も注視していた。

議事録をとる際は、必ずその会議における目的（＝メッセージ）を押さえなくてはならない。フォーマットは二の次である。クライアントの望む形式に合わせればいい。大事なのはあくまでも中身だ。

会議の背景では、関係者間の思惑がうごめいている。ミーティングを単なる会議ではなく、誰かが誰かを説得しようとしている「交渉」と捉える。その力学に自覚的でなければいけない。議事録をとる人はこの構造を理解した上で、会議の目的のイニシアチブを自分が握っていることを忘れてはいけない。

また、議事録には会社の仕組みやメンバーの序列が記載されている。出席者の名前の順番一つとっても、権力構造が見え隠れしている。手ぐせで作業するのではなく、メタな思考を働かせることで、実は議事録は組織力学を理解する最良のトレーニングになるのだ。

メッセージ（目的）を明示しない議事録は、ただのメモである

議事録に関して、もう少し具体的な方法論についても語っておこう。

多くの議事録で見受けられるのは、「決まったこと」と「決まっていないこと」が明確に記述されていないことだ。ただただ発言を漏れなく羅列した文章は議事録とは言えない。それは単なるメモである。繰り返しだが、議事録において大切なのは会議の目的のコンセンサスを取ることだ。

また、決定したこと、決定しなかったことを明示する。それに付随して、アクションも必ず明記する。その際、なあなあにしてはならないのは責任者を確定させること。

必ずミーティングの中で「誰が」「いつまでに」「何をやるのか」を明確に確認しておく必要がある。これらをおざなりにすると、次の対策が間延びしてしまうからだ。これらの項目が欠けた議事録はまったくもって意味を成さない。

議事録に責任が明記されるからこそ、各人にプレッシャーが生じ、プロジェクトが推進される。その意味で議事録はプロジェクトをコントロールする起点となる。ここまで述べた議事録のとり方を徹底すれば、自ずと議事進行のあり方も変わってくる。議事進行は議事録と一心同体だからだ。議事録に残されることが前提となれば、会議には正しいプレッシャーが漂うことになる。

だから「誰が議事録を書くのか？」の話になったら、すぐさま自分で手を挙げるべきだ。そうすることで、こちらが主導してメッセージを入れることができる。相手の好感度も上がるはずだ。面倒くさいことを率先してやってくれるのだから。

議事録を書く際は、口頭でのやり取りで発生する微妙なニュアンスを文章に落とさなくてはならない。

たとえば自分は「A」だと思っていても、先方は「B」と捉えているかもしれない。AとBのどちらとも取れる際は、チャレンジングにはなるものの、私なら迷わずに

「A」と書く。仮に相手がそれを見落として、議事録を承認すれば、「A」が確定する。もちろん偽証は御法度であるが、ニュアンスには常に解釈の余地がある。解釈をこちらの意図通りに汲み取り、議事録に残す行為は戦略そのものである。

会議はさながら映画、緻密な作り込みを

「誰を会議に出席させるのか」から戦略は始まる

議事録がスムーズに書けるようになった頃には、今度は会議体の組成を任されるようになるだろう。定例会議に誰を呼び、いつ開催するのか、ということを決めることになる。

誰を会議に出すのかについても、議事録同様、戦略的に考える必要がある。先ほど

も述べたように、会議と議事録は後々、エビデンスになる。ドラマでは、誰が殺人現場にいたのかが必ず問題になる。仮に自分は殺人犯ではなくとも、現場にいたのなら重要参考人にはなるだろう。大げさに思うかもしれないが、誰が会議に参加していたのかは同じく重要な事柄である。だからこそ、会議に招集するメンバーは念入りに考えなくてはならない。

私はアクセンチュアで何度もトラブルに巻き込まれながらも、その中でプロジェクトの定例会議をどこに設定し、どれぐらいの頻度で行い、誰を招集するのかという会議設計がとても大事だと教わった。最初は神経を使って、自分から何度も上司のレビューを受けにいった。呼ぶ人の選定についても、上司に確認し、理由を聞いて理解していった。だんだん理解してくると、自分から「これはこういうことですよね」と言えるようになり、上司に認められたときは嬉しかった。

なぜそこまで会議設計にこだわった方がいいのかといえば、会議体を組成する立場の人間は、実は非常に強い力を持っているからである。あらかじめある人がスケジュール上出席できないことを確かめた上で会議を設定する、ということすら可能なのだ（ここまでしたたかに、意図を持って会議やアジェンダを設定し、実行できているコンサルタントはあまり見たことがないが)。

たとえ先約があっての欠席であっても、その理由は議事録に書かれることはない。欠席したことのみが記される。あとから議事録を振り返れば、「欠席したこと」そのものがコミットメントのなさの証明になってしまう。

ちなみに会議への参加者としての立場で考えると、招集された定例会議には嫌な顔をせず出た方がいい。定例会議には責任逃れの性質がある。なぜなら定例会議にはお互いをチェックする機能が求められるからだ。そのため、何かトラブルが生じた際、「私たちだけの責任ではない。会議に参加していた皆は運命共同体だよね」とエクスキューズができる。出席していないのをいいことに、気づけばスケープゴートに仕立て上げられてしまう可能性がある。

会議のアジェンダ設定は脚本

会議には参加するステークホルダー各々の思惑がある。まずはその力学を理解した上で、誰がこの会議の主役なのかを把握しなくてはならない。

その際、必ずしも役職がトップの人が主役とは限らない。

たとえば、先方の部長を立てることで、社長からの評価を上げてあげることが主題ならば、それに沿った会議体を作り上げなくてはならない。誰を主役にするかによって映画の舞台設定が変わるように、目的に応じてアジェンダの内容や順番も変わる。その意味でアジェンダはストーリーを司る脚本そのものだ。

映画にとって脚本がなくてはならないものであるように、ビジネスにおけるアジェンダ設定も重要だ。部下に任せっきりは論外である。会議の目的は何か、主役は誰か、どんなストーリーで進行するべきか——自分でコントロールしよう。こうした意識を持てば、議事録にせよ資料作成にせよ、ゲーム感覚で没頭できるようになる。人の生き死にを左右するかもしれない戦だと捉えれば、議事録のタイトルを間違えるなどといった凡ミスは起こりようがない。逆に言えば、その気概がないからミスが起こるのである。

アジェンダや参加者といった会議設計をギリギリになるまで言わないで怒られる人もいるが、それは怒られて当然だ。クライアントもコンサルタントも単価の高い人が多数集まっているのだから、時間の感覚は何よりも大切にしなければならない。

また、アジェンダを作る上で非常に重要になってくるのが、会議の前に行われる「事前交渉」だ。「会議にはなんらかの目的がある」と先ほど述べたが、その目的や方向性をある程度、事前にすり合わせておくのが重要だ。この裏交渉は「あえて」議事録に残さない。だからこそ言えることもあるからだ。ようは、使い分けである。表にしろ裏にしろ、クライアントとのやり取りはすべて交渉戦略であることを認識しておきたい。

社内会議であっても事前交渉は不可欠である。事前交渉を怠ったばかりに、会議が炎上することはよくあるだろう。会議の目的は決定事項を確認することであり、議論することではない。議論が必要なら、別の場を設ければいいのだ。最もよくないのは、会議の場で議論が白熱し、収拾がつかなくなることである。

これは会議設計の問題だといえる。会議のアジェンダに議題と目的を明確に書いておけば、それに沿って議事を進行管理できる。しかし、議題が明確でなかったり、議論の優先順位がつけられていなかったりすると、脱線や茶番劇が繰り広げられ、会議は迷走してしまう。

あなたが議事進行を務める会議が炎上したのなら、それは100％あなたの責任だと考えるくらいでちょうどいい。

定例会議で救える命がある

私自身の経験から言えるのは、生きた知識はプロジェクトのトラブルを通じて身につけられるということだ。炎上から得られる学びは大きい。

変な話、マネージャーの出来が悪ければ、自分が悪くなくても悪者になってしまう。自分の身を守るためにも、自分が優秀になるしかなくなるわけだ。

マネージャーに頼れないので、自ら会議や議事をリードし、体系化する。本来であればマネージャーが行くべき先方の部長など、キーマンへの説明にも自ら足を運ぶ。そうすることで、関係値を作っておくことができる。その先でマネージャーよりも先に自分を頼りにしてくれる構図ができれば、プロジェクト自体のコントロールを自分で利かせられるようになる。

マネージャーの中にもこうして主導権を握らない人が多くいる。本来、コンサルタントの価値はクライアントの「ＷＯＷ」を引き出すことなのに、こなすことが仕事になってしまっているのだ。

たとえば会議の中で相手が自ら不利になるような発言をしてしまったとする。その証拠となる議事録を全体に共有する前に、個別に会いに行き、「この発言、ちょっとまずいですよね。少しぼかして書いておきましょうか？」とあえて伝えることで、こちら側が命の恩人になることだってできる。

もちろん、議事録には絶対に嘘を書いてはいけない。しかし、ニュアンスを変える程度のことは書き手次第である。グレーな部分をそのまま書くと、後で火種になるリスクもある。

ちなみにこのように相手が弱っているときには、「ほら、確かにあなたこう言っていますよね？　議事録にはきちんと書いてありますよ」とマウントを取りにいってはいけない。むしろ不利な状況に陥っているときこそ、こちら側に引きつけるチャンスになるからだ。辛いときに助けてくれた人はいつまでも恩人になる。

だからこそ、普段の何気ない定例会議でも、時に誰かを救えることがある。たとえば誰かが犯してしまった失敗を定例会議のアジェンダとして扱う。ここでは、その人のためのストーリーに仕立て上げることが大切だ。確かに失敗はしてしまったものの、その人が意図していたプロセスを全体に説明する。そうすることで、「結果はもちろん変わらないけれど、その頑張りは認めるべきだね」と、その人の評価を保つことができるかもしれない。炎上案件で誰かを吊し上げるだけの会議にはなんの意味もない。事前に会議設計をした上で、相手を救うことの方がよっぽど意義があるだろう。

若手コンサルが押さえておくべき、タスク管理・エクセル・プレゼン

タスク管理のポイントはプライオリティ

本来、現場のコンサルタントに対して割り振られるすべての仕事は、「期限までに必ず実行可能である」という前提のもと設定されている。基本的にプロジェクトを遂行する一連の流れは、ＰＭＯのリーダーがＷＢＳ（作業分解構造図）を書くことから始まる。大きなプロセスをバリューチェーンに分解し、最終的なタスクに落とし込む

わけだ。

その際、実行不可能なタスクが少しでもあれば、スケジュール全体に影響を及ぼす。そのため、PMOはタスクを期限までに実行可能な形で設計する。よって、どんなに「無理だ」と思うようなタスク量でも、いったんは「できるようにできているはず」と思い込むことが重要だ。

その上で、いかに滞りなくタスクをこなしていくか。私が知る限り、コンサルタントの仕事が滞る一番の原因はやる気がなくなったり、悩んだりしている時間が多いことだ。そもそも、どれだけ立ち止まらずに不稼働時間をなくし、淡々と仕事ができるかがタスクの進行には大切になる。

タスク管理で一番大切なのは取り組むべき仕事の順番のプライオリティづけだ。自分が抱えている仕事の全体像とスケジュールを把握した上で、パズルの要領で組み立てていく。その際注意すべきは、自身の性格を見極めた上で、モチベーションをベースに優先順位の判断をすること。過去の仕事の経験から重めのタスクが続くとやる気を失うなら、うまく分散させてみる。

人間の集中力は長く続かない。そのため思考を要する仕事を連続でスケジューリングするのは間違っている。私の場合は長くてもせいぜい1時間と決めている。その後は休憩を入れたり、思考を要さぬ単純作業、メールの返信などのコミュニケーションに充てる。

もう一つの観点が、タスク数をこなせないことからくる不安への対処だ。思った通りにタスクをこなせないと、不安感を覚えるようになる。

ありがちな例としては、思考系のタスクに時間を取られすぎて、後ろに何十ものタスクが残ってしまうこと。すると締切に圧迫され、無駄な焦燥感に駆られることになってしまう。1つのタスクが10分で終わることもあるのに、すべてのタスクが大きな負担に感じられる。こうしてタスク全体が化け物に見え、不安になり、やる気を失う。そしてその間は無駄な時間として過ぎてしまうのだ。

逆に言えば、数さえこなせれば不安は解消できる。なので、不安を覚える前にクリエイティブ要素が少ない単純作業をあえて先にこなしたり、アイデア出しの時間を差し込んでみたりする。合間のスキマ時間を有効活用したい。気づいたら10～20個のタスクをこなせるため、ちょっとした安心感を得ることができる。

タスク処理能力は一生磨き続けるべき

もしあなたが新人なのであれば、最初の半年間はインプットの時期である。タスクにかかる時間配分をすぐに正確に見積もるのは難しい。一つ一つのタスクに対するちょっとした見通しの甘さがドミノ倒しのように連鎖して、スケジュールが破綻することがある。

しかし重要なのは、それを恐れずこの期間にたくさん失敗を重ねることだ。期限を過ぎたり、徹夜をしたりする経験をもとに、タスクの時間配分が見えてくる。そうやってタスクを1年くらいこなし続けていれば、それぞれの作業にどれくらいかかるのかもだいたい見えてきて、さらにタスクのパズルがうまくなるだろう。私たちも失敗を重ねてきて、今がある。安心してほしい。先輩も失敗しまくり、怒られまくっているものだ。

もし場当たり的にタスクをこなすことが習慣化してしまうと、一生そのままの状態になる。実のところ、マネージャーになったとしても、タスク管理ができない人間は多い。タスク管理ができない者はタスク設計もできない。そうなると、プロジェクトが炎上してしまう。

そういう意味でタスク管理は、経験の長さによらず、すべてのコンサルタントの価値を左右する重大なスキルなのである。

基本的に人間は、自分が思っている以上にたくさんの仕事ができるものだと私は考えている。もう限界だと思っても、一度、「本当に自分は仕事でいっぱいいっぱいなのか」「本当に効率的にやっているのか」を問い直すことが重要である。実際には、「気持ちがいっぱいいっぱいになっている」だけかもしれない。いまだに私自身もそう自問自答することがある。

やるべきことを再確認し、できていないことが何かを検証することで、新たな気づきが得られる。私の場合、交通費の精算などの事務処理が本当に苦手で、つい見て見ぬふりをしてしまうことがある。するとそれが無意識に心に引っかかり、気持ちがいっぱいいっぱいになってしまっていることがよくある。自分に問い直す機会を設けると、1時間でもその事務作業をやる時間を確保すれば楽になることに気づく。

そうした努力をしても、どうしても不可能なのであれば、リーダーに早めにその旨を伝えるべきだ。

リーダーも万能ではない。設計ミスによって不可能なタスク配分も起こり得る。その際に、このタスクがクリアできなかった場合に誰に迷惑がかかるのかを考え、もしそれがクライアントであるならば、「クライアントに迷惑がかかるので、変更してください」と命がけでそのことを伝えるべきだ。

その際には、「このタスクはこの人の方が適任だ」と割り当てを変える提案も有効だ。プロジェクトのメンバーすべての状況は、リーダーといえど把握しきれていない。フリーでサボっている人がいるなら、その実態を指摘するのも一つの手である。クライアントへのバリューを考えるのであれば、手段は選んでいられないからだ。

自分で調べるべきこと、上司にすぐさま聞くべきこと

若手の頃は、何を上司に聞いて、何を聞かないべきかで迷うことがあるだろう。私

自身の経験を交えてこの点を考えてみたい。

あるとき、私は政府系の銀行でシステム開発のプロジェクトに従事していた。あまりにも専門用語が飛び交うため、高度な内容についていくことができなくなった。こうした場合、周りに質問をし続けて食らいついていくしかない。

それでも、何でもかんでも質問すればいいわけではない。専門用語や基礎知識は本を読むなどして、自分で勉強をする。どんなに忙しくても勉強の時間をおろそかにすると、結局余計に時間がかかることになってしまう。調べればすぐにわかる事柄を聞くから上司はカッとなるのだ。それは勉強をサボっているとわかるからだ。

なので、最低限の知識については、自ら努力してキャッチアップする必要がある。それでも、どうしても自分では理解できない、あるいは判断できない事柄は出てくる。それは、「なぜ今このテーマについて議論しているのか」「なぜ今自分がこの仕事を任されるのか」といったことである。

会議の流れを止めたり、見るからに忙しそうな上司の手を止めさせたりして質問することになるだろう。しかし、どれだけ嫌がられようが、わかる人に聞かなければならない。そこで遠慮すると、後々絶対に後戻りし、無駄な時間を費やすことになる。

そして、悩んでいる時間はなんの解決にもつながらない無駄な時間だ。迷ったら聞いてしまった方がいい。

せめてその際は、メモを取る姿勢を大切にしたい。それにより、同じ質問を二度する禁忌を避けることができる。場合によっては相手に許可をとった上で、音声を録音させてもらうのも手だろう（ただし、人によっては嫌がられたり、本音の話が聞けなくなることは理解しておくべきだ）。私自身、昔は音声データを自ら文字起こしし、時間をかけて文章を確認していたこともある。

マネージャーによっては「なぜそんな初歩的なことをいちいち説明しないといけないの？」と明らかに不機嫌な対応をされることもあるかもしれない。私もずいぶんムカつくことを言われた記憶がある。そんなときは顔では申し訳なさそうにして、心の奥底では「そりゃ俺だってあなたみたいに10年もやれば、この程度わかるようになるに決まっているだろう」と思いながら、それでも質問をやめなかった。

そうやってなんとか食らいついていけば、あるときからプロジェクトの本質が掴めるようになる。この段階までくれば、上司から振られる仕事にも自分なりに優先度がつけられるようになる。たとえば、「週明けまでにやれ」と言われていても、仕事の本質を理解したら、「別に週明けじゃなくてもいい仕事じゃないか」とわかるようになってくる。

マネージャーは、リスクを考えてどんな仕事であっても、厳しめの期限を切るものだ。しかし、それらの期限の中にも、「本当に差し迫っているもの」と「そうではないもの」があるのだ。そのプライオリティづけこそが仕事勘であり、自分から上司に質問をして学ぶことでしか体得できないものである。

プレゼンの鉄則：フォーマットではなくメッセージを

すでに知られている通り、プレゼンテーションは「1スライド、1メッセージ」が基本だ。そして、そのメッセージは一行に収まっていなければならない。それにもかかわらず、一つのスライドを埋め尽くすほどのテキストが書き込まれているのをよく目にする。それでは受け取る側が理解できない。必ず複数のスライドに分けるべきだ。

学生のプレゼンテーション資料を添削する際も、フォーマットにこだわりすぎてメッセージが抜け落ちているものを多々見かける。フォーマットは単なるお作法に過ぎない。フォーマットを埋めることが目的化したら本末転倒だろう。最低限のルールは守った上で、あくまでも重要なのは中身である。クライアントが指定するフォーマットがあればそれに従えばいいのであって、フォーマット自体に重要性はない。大事なのはメッセージだ。

私は若い頃、上司から徹夜でパワーポイント資料を作らされ、出来上がったものをパラッと見ただけで捨てられたことが何度もある。当時はパワハラがまかり通る時代で、殺意すら覚えたものだ。だが今になって考えると、その理由はわかる。「メッセージ」のない紙を作っていたのである。上司の立場になった今、部下がそんな資料を作ってきたら、それこそパラッと見ただけですぐにわかる。

たとえば、売上や損益分岐点など、データを説明するようなスライドであっても、「なんのために損益分岐点を資料に載せるのか」という目的があるはずだ。「3年以内に黒字になる、心配はいらない」というメッセージがあるのであれば、それを強調する工夫をすべきである。メッセージを読み取ることのできない、機械的なスライドで誰かを納得させることはできない。

確固たるメッセージさえあれば、極論パソコンが壊れても、パワポなしでもプレゼンができるはずだ。しばしばプレゼンのお手本として引き合いに出されるスティーブ・ジョブズにしたって、スライドのフォーマットやデザインが特に優れているわけではない。あくまでも彼の人間的な魅力と話術があるからプレゼンが卓越しているのだ。私がいたく感動したミュージックプレイヤー「ｉＰｏｄ」の初お披露目プレゼンを見てもらいたい。あのプレゼンで用いられる資料にはほとんど装飾がない。ただ、いくつか写真が映し出されるだけだ。なのに涙が出るほど感動させられる。

プレゼンの目的はあくまでもメッセージを伝えることにある。プレゼンは生き物だ。相手を見て、場を見て、状況を見て、内容を七変化させる。一回限りのその場において一番わかりやすいフォーマット、そしてメッセージを出すべきだ。

ちなみに、クライアントへの資料を作る際に、クライアント側に求められたフォーマットで作成しなければならないことがあるだろう。たとえば、ある歴史の長い通信会社の場合は、Ａ３一枚に情報をまとめてくるようにと言われたことがあった。そうした場合には、多少のやりづらさがあっても、素直に提出物のフォーマットに合わせるべきである。

しかし、付属の説明資料を作ることは許されるはずだ。提出資料とは別に、わかりやすい説明資料を作ったからといって、プロジェクトを外されるようなことはないだろう。クライアントだってわかりやすい説明を求めているはずだ。ただし、フォーマットから逸脱した工夫を嫌う相手もわずかに存在するので、そこは見極める必要がある。

コンサルが避けては通れないエクセルについて

コンサルになると避けては通れないのがエクセルだ。私自身、最初の頃はエクセルに不慣れで、大嫌いだった。それでも周囲の表作りが得意な人たちを掴まえては、そのスキルを盗んでいった。わからないことは同僚に聞いたり、本を買って学んだが、一番役に立ったのは自分自身でノウハウのノートを作成することだ。エクセルで重要なのはスピードと正確さだ。普通にやっていたら到底間に合わない。自分自身を楽にさせるため、ショートカットキーやマクロの方法を全部メモし、効率性を高めていった。

エクセルなどの資料作成において重要なのは、そもそもなんのための資料作成なのかを見失わないことだ。だから私はエクセルをそのまま資料にして説明することは決してない。資料はあくまでもエビデンスに過ぎないため、添付資料にしておけば十分だ。重要なのはキーとなるメッセージを適切にプレゼンすること。相手からはエクセルしか求められていなかったとしても、あえて私はメッセージをわかりやすく伝えるためにパワポを作成していた。その一手間が信頼につながっていく。

2章

プロジェクトを成功させられる人の思考法

2章では、よりコンサルらしい業務の部分にフォーカスする。プロジェクトが立ち上がってからのクライアントへのヒアリングや、ウェットな人間関係構築術、問題解決・仮説思考・直感の重要性に触れる。

すべては〝共感〟から始まる

デザイン思考の一歩目は共感から

多くのビジネス書で課題の設定、あるいはイシューの絞り込みが大切であると語られる。それは一面で正しいものの、コンサルの世界においては注意が必要な考え方である。なぜなら、クライアントが自身で課題を特定できているのであれば、そもそもコンサルに仕事を依頼することはない。課題そのものがわからないから不安を抱え、お金を払って相談をしているわけだ。

そもそもクライアントはその道のプロフェッショナルである。考えうる課題を出し切り、取り組んできた。大前提として、クライアントには誇るべき成功体験がある、「やるべきことをやってきた」というリスペクトが必要だ。

仮にクライアントが業界3位から抜け出せない現状を嘆いているのであれば、まずは「いや、3位ですよ。すごいです」と現状に至るまでの努力を肯定する。

前例のない課題や未知の問題に対して最適な解決を図るためにデザイナーやクリエイターが用いる思考法に「デザイン思考」がある。デザイン思考のプロセスにおいて、最初に位置づけられるのが「共感（empathy）」だ。

ヒアリングにおいても、共感を起点にしよう。ヒアリングを単なる情報収集の場にしてしまうのはもったいない。ポジティブなリスペクトを伝えることでクライアントは心を開いてくれる。

お互いの胸襟が開かれれば、そこから先のアウトプットも段違いに変わる。この地点に立ってからがスタートだ。その上で、業界の外側にいるコンサルタントはクライアントにとって新しい課題を設定しなくてはならない。それこそがコンサルタントの仕事だからだ。

ヒアリングから課題は引き出せない

コンサルの中でもヒアリングを通せば顧客の課題を引き出せると勘違いしている人が少なくない。

もちろんクライアントの話を聞くことは大事だ。それでも、聞いた話の範囲内で課題を設定することはない。そもそもクライアントさえも気づいていない課題を提示することにこそコンサルの価値はある。ヒアリングを完了した上で、すべてを無視し、ゼロベースで思考する。

仮にクライアントから「コールセンターを導入して、コスト削減をしたい」と具体的なお題を与えられたとする。それでも問題の核心は、コスト削減や収益の改善ではなく、そもそもビジョンの設定にあるかもしれない。

曖昧だったビジョンの解像度が上がることで、本来解決するべき課題が、当初想定していたよりも大きなものとなることもあるだろう。結果として、数%のコスト削減よりも、二桁%での成長が実現できるならば、クライアントとしてもそっちの方が嬉しいのは間違いない。あくまで向き合うべきはクライアントそのものである。このシンプルな原則は不変だ。

自分がクライアントの立場になったつもりで考えてみる。自分自身がハッピーになるアイデアや提案は何か。その理想から逆算して発想をすると、自ずと道は開けてくる。

サバイバルのための戦略思考

コンサルの現場を戦場と捉える

私が考える戦略の要諦は「生き残るため、誰を生かし、そのために誰を殺すか」である。ビジネスの世界は生やさしいものではない。これくらいの覚悟を持って臨まなければならないのである。

そのため、クライアント選びにもこの発想で取り組まなければならない。全員と良好なリレーションを築けるわけではない。

コンサルのプロジェクトでは往々にして、あちらを立てれば、こちらが立たずの状況が発生する。時には契約者を殺し、非契約者を生かさなければならないといった複雑なケースも生じることがある。

しかもそうした際は、こちらが手を下したのではなく、相手が自滅した形を演出しなくてはならない。その意味で、コンサルの現場はさながら戦場のような緊張感が漂う。それだけの緊張感を持って仕事に臨みたい。

日本人は性善説に立つ傾向にあり、プロジェクトは基本的にうまくいくものだと思っている。対して、海外ではプロジェクトはうまくいかないものであるという前提がある。だから時に戦略上、プロジェクトの早い段階で責任を取るスケープゴートを決めている場合すらあるのだ。日本人の感覚からすればにわかに信じがたいかもしれないが、これはリスク管理そのものである。

仮に自分の腹心がスケープゴートにされてしまったら、プロジェクトはおろか会社での居場所がなくなってしまう。だからこそ、先んじて自分のライバルを蹴落とそうとするわけだ。

プロジェクトが暗礁に乗り上げたとき始まるのが、粗探しだ。過去の議事録に瑕疵《かし》がないか徹底したチェックが行われる。こうなることを予期し、仕込んでおけば、逆に相手のボロを問いただすツールにもなるわけだ。「この部分を見てください。確かにこう発言されていますよね」と。

無理難題を投げかけられるのがコンサルの仕事

プロジェクトは基本的に炎上するものだと思った方がいい。なぜならコンサルタントはそもそも無理難題を投げかけられる仕事だからだ。誰にでもできる仕事に高額な報酬を支払い、外部に依頼するわけがない。その難しい仕事に取り組み、なんとか最後までやり抜き、検収印をもらってようやく報酬が支払われる。

口では「クライアントと密にコミュニケーションをとっている」と言うものの、表層的なやり取りだけで信頼関係が築かれるわけがない。遅刻の一つ、メールの一つ、クライアントの怒りの種は案外、些細なところに眠っている。だからこそ、コンサルタントは片時も隙を与えてはならないのだ。

一つ一つの行動がクライアントの不安として積み上がっていく。火種を見て見ぬふりをすれば、いつか必ず炎上は起きるだろう。

トラブルのときこそ、コンサルタントの本領が問われる

コンサルタントは生々しい人間相手の商売である。人間と人間のやり取りに絶対の正解はない。だからこそ、この仕事は面白い。自分なりの戦略を持って相手とやり合うのが醍醐味である。だから今章で述べているように、議事録一つ、メール一つに戦略は宿る。

自分なりの戦略に基づき、メールを送る。その返信によって期待した相手の態度変容が起こせなかったら、反省をし、戦略を練り直す。「このタイプの人には、こういった対応が効果的」と自分なりの経験値を積んでいく。

へり下り過ぎることでつけ込まれることが予想される場合は、あえて謙虚さを出さ

ずに強気に出てみる。

無思考に平謝りするのは勧められない。「とりあえず謝ればいいや」は日本人の悪い癖だろう。ビジネスの現場に「とりあえず」は一つもない。一つとして同じプロジェクトは存在しない。だからこそ、定型文に頼ることなく、その場ごとの最適な対応を導き出さなくてはならない。トラブルのときこそコンサルタントの本領が問われる。

あなたに対して怒っているお客さんも、社内で誰かに怒られ、謝らなければいけないわけだ。そこまで想像を働かせた上で、最良の打ち手を提案しなくてはならない。

こちらがどれだけ「本当に申し訳ありませんでした。私どもの落ち度です」と謝っても、トラブルが解決したとは言えない。

それよりも、「詳細をきちんと対応しておりますので、明日の朝、時間をいただけないでしょうか。すぐに資料を持って説明に伺います」と伝えた上で、急ぎ資料を作成し、謝罪とともに説明をしに行く方がよほど印象がいいだろう。

そこまでわかっていれば、たとえばお客さんに対して怒っている社内の上司に対して先に手を打つこともできる。そのときには、担当者の上司とパッと喋れるだけの人脈づくりを、普段から自分はしているのかということも問われる。

つまり、無思考の謝罪ではなく、情報と戦略をもってして自分の行動を決めなくてはならない。その意味で、謝罪をある種のゲームと捉えるくらいのメンタリティで考えるべきだ。そのマインドがあれば、（不謹慎かもしれないが）トラブルすらも楽しめるようになるはずだ。

必ず起こる炎上をどう誠実に解決するか

炎上に投入されるエースコンサル

コンサル業界で働いている人であればご存じの通り、炎上案件に投入されるコンサルタントはそのファームにおけるエースとして実力が認められている人物だ。言うまでもなく、炎上中の案件に能力の低いコンサルが投入されれば、さらに炎が広がり大変なことになる。プロジェクトの炎上は、時には裁判にもなり得る。炎上の原因はだいたいにおいて、マネジメントの失敗であるケースが多い。その問題を解決するべく、問題点をきちんと整理し、クライアントの感情をコントロールできる優秀なコンサルタントが招集される。

私自身何度も炎上の火消しに向かったことがある。炎上案件ではまずもって冷静になり、何が起きているのか、問題を整理しなければならない。言い訳に言い訳を重ねて炎上を止められなくなるのが最悪のケースだ。その際、トカゲの尻尾切りは問題の根本的な解決にはならないので避けるべきだ。

また、中には非がクライアントの側にあるケースもあるだろう。その際は、決して「あなたが悪いです」とは言ってはならない。相手の立場を考えた上で、どうすればうまく収まるかを考える。

場合によってはこちらが折れなくてはならないケースもある。ただし、炎上時に嘘をつくことは御法度である。嘘により信頼が失墜し、燃え広がった炎はどれだけ水をかけても消えることはない。

炎上時こそ誠実な対応が求められる。いち早く「ここが悪かった」と自分のお腹を見せる。オープンな姿勢を見せた上で、改善策を作っていくのだ。改善策により平常時よりもうまくいくイメージを見せることができれば最高である。

つまり、今回の失敗は単なる失敗なのではなく、さらなる前進に向けたステップなのだと納得してもらえればいい。後から振り返ったとき、「あの炎上があってよかったよね」と飲み会で回顧できるまで持っていく。それがプロなのだと思う。

火消しで重要なのは、誰を連れていくか

炎上の火消しでもう一つポイントになるのが、現場に誰を連れていくかである。必ずしも役職の高いメンバーを連れていけばいいわけではない。あくまでもクライアントが求める人物を見極めて招集する必要がある。

たとえば、問題の原因が専門的な機能ならば、十分な知識を有するエキスパートを呼ばなければならない。マネジメントのレベルで解決できる問題ではないからだ。

「彼はシステムに関して弊社ナンバーワンの人材です。他のプロジェクトでスケジュールが埋まっていたのですが、御社のために緊急で招集させていただきました」

と伝えればいい。

それでも場合によっては、ケイパビリティの問題を飛び越えてしまうこともある。そうした際は、やりすぎと思われるくらいの対応が必要になるかもしれない。たとえば、自分自身がパートナーなのに、また別のパートナーを連れていく。相手に確実にこちらの誠意を感じ取ってもらえる人選が重要である。

いずれにせよ炎上の火消しはプロジェクトに一切関わりがないメンバーが対応した方がいい。ゼロからヒアリングをかけることで、問題の全貌と本質がわかるからだ。

炎上の修羅場をくぐり抜けた経験により、どのポイントでクライアントが激怒するのかがわかるようになる。それと同時にその裏返しで、どうすればクライアントが喜ぶのかのロジックも理解できるようになる。「怒り」と「喜び」は正反対のように見えて、感情という意味において、実はうまく組み換えれば同じもののはずなのだ。

クライアントが求めているのは謝罪ではなくアカウンタビリティ

仮に自分のチームで部下がミスを犯し、クライアントに迷惑をかけてしまったとする。その際はたとえ全面的に部下が悪かったとしても部下のせいにするのではなく、必ず自分事として謝罪する。往々にして「部下の不手際で」とミスをなすりつけてしまう人が多い。

私は必ず「彼に落ち度があったわけではありません。自分のマネジメントが行き届いていませんでした。今後はこういった方法でチェックし、二度と同じミスが起こらぬよう、責任を持って解決します」と説明する。決して部下を切り捨てない。

誰かを悪者にする謝罪方法は、聞いている相手も気分が悪いし、逆に、相手にも誠意は伝わらない。自分事にすることで、全部が全部ではないが、解決に向かうことも多い。

こうした場面で意識したいのが「アカウンタビリティ（説明責任）」である。クライアントは何もただ謝罪だけを求めているのではない。謝罪以前に彼らが本当に求めているのは、問題が起きた原因と解決方法である。なので、謝罪に向かう際は一連のストーリーを準備した上で臨まなければならない。

まずはこちらが認識している落ち度を先方とすり合わせる。この点は決して守りに入ってなあなあにしてはならない。一時しのぎになったとしても、そこで認識が揃っていないと、後々またトラブルの火種となってしまう。

恋愛と同じくプロジェクトも閉じ方が重要

クライアントと長期にわたり関係を築き、信頼を得るために必要なのは、上から目線の経営アドバイスではなく、むしろ相手に寄り添う共感性だ。いつなんどきも相手を上下に見るのではなく、対等に接する。共感力さえ持っていれば、どれだけ偉い人でも、反対に若輩者でも同じ対応ができるはずだ。コンサルタントは相手を見下した時点で終わりである。

「この人と仕事をしたい」と思ってもらえることこそがコンサルの価値になる。だから私は、クライアントのためになることであれば、相手の地位にかかわらず、なんであろうと徹底する。相手が悩んでいるのであれば、隣に身を置き、親身に耳を傾ける。そんな姿勢を続けていれば、「困っているならエリックに相談したらいい。あいつは絶対にあなたを不幸にしない」と人の輪が広がっていく。

逆も然りで、悪い噂はすぐに広まる。コンサルが関与するマーケットやコミュニティはあなたが想像する以上に狭い。だからこそ、恋愛ではないが、仕事の終わり方にも気をつけなくてはならない。

どんなプロジェクトであろうと、100%いいパフォーマンスが出ることはほとんどない。なぜなら、無理なゴールに加えて、スケジュールはいつだってタイトだからだ。期待はどんどん高まる。だからこそ、プロジェクトの終盤は丁寧なコミュニケーションが必要だ。単に「失敗しました。ごめんなさい」では決して次につながることはない。なぜプロジェクトが100%うまくいかなかったのか。誠実に、そして徹底してその要因と課題を洗い出す。その上で、考えうる改善策と打ち手を提示する。前向きな形でプロジェクトを閉じることが重要だ。場合によっては、「ここまでやったのだから、この点を重点課題にもう一度やりましょう」と次の契約につなげられることもある。

お互いに死に物狂いでプロジェクトに臨んでいるのなら、予算は意外と大した問題にはならない。本質的に予算は、信頼関係から絞り出されてくるものなのだから。

クライアントとの信頼の築き方の第一歩

何があってもクライアントを不安にさせてはならない

クライアントとの信頼関係は、案外シンプルなことから築いていく。

たとえば、1週間後に何らかの成果物をクライアントに提出するとする。その際、1週間まったく連絡をしないのか、細かく進捗を報告するかで印象は大きく変わる。提出日が同じだとしても、相手をおもんぱかったコミュニケーションの徹底は重要である。何があってもクライアントを不安にさせてはならない。不安は火種になる。クライアントへの配慮はプロフェッショナルとしてのスキル以前の問題である。ちょっとした不満が積み重なり、やがて大きな不信感となる。

会議が終わった後には、「本日はありがとうございました。大変参考になりました」と何気ないフォローアップのメールを一通送れるかどうか。「そんなメールに意味ある？」と思うかもしれないが、メールに意味があるかどうかは関係ない。姿勢を見せることが重要なのである。

しばしば、こうしたフォローアップの後に「ちょっと話します？」と相手から誘いが入ることがある。こちらからアクションを起こさない限り生まれなかったコミュニケーションが発生することがあるのだ。そうした機会を逃さぬためにも、クライアントへのコミュニケーションはこちらから先導すべきだ。

相手からのメールにも適切に対応したい。お礼のメールはCCではなく必ずToで送る。そうすることで、不特定多数の目には入らぬ個別の話題に言及できる。機械的なコミュニケーションを避ければ、自然と人間関係が深まるきっかけもできる。ToAll（全員に宛てて）「皆さんお疲れ様でした」とだけメールをするのはもったいない。

基本のキは「挨拶」と「感謝」

世の中でも当たり前のこととされながら、実は軽視されているのが挨拶だ。オフィスで誰かに会ったとき、「おはようございます」と元気よく挨拶できる人は案外少ない。知らない人に対して、下を向き、知らん顔をしたりする。

私は相手が偉い人であろうが、後輩であろうが、朝、犬の散歩をしている時は、知らない人にでも必ず大きな声で挨拶するのを心がけている。

対面の挨拶もメールも同じことだ。ミーティングに入る際も、暗い顔ではなく明るい表情で「皆さん、こんにちは」と一言声をかける。基本のキである挨拶ができない人は、その他あらゆるコミュニケーションに欠陥がある可能性がある。

挨拶と同じく大切なのが感謝だ。たとえば、ミーティングが荒れに荒れたとき。普通なら「あの野郎。面倒だな」と思うかもしれない。それでも、「このタイミングで忖度なく胸の内を話してくれた」と解釈することもできる。

相手の態度や言動ではなく、真意に思いを巡らせてみる。言葉の奥にある意図を汲むことで、相手は喜んでくれる。炎上時こそ自分を見失うことなく、冷静に状況を分析し、誠意をもって対応する。その姿勢を貫けば、間違いなく仕事の質が磨かれていく。

クライアントとの関係構築にSNSを有効活用する

近年はクライアントとSNSでつながることも増えた。

久しぶりに会った際も、「毎日SNSでエリックさんの顔を見ているから久しぶりな気がしない」としばしば声をかけられる。

SNSは誰が見ているかわからないからこそ、投稿には気を配りたい。自分の最新活動のアップデートをなるべく見る人にとって有益な形でポストする。

本来は推奨されていないことだろうが、最近はメールではなくメッセンジャーを通じてクライアントと仕事のやり取りをする機会が増えた。パブリックとプライベートの境界が溶けつつあるといえるかもしれない。

とはいえ、もちろん機密情報の取り扱いには絶対的な注意が必要だ。それでも重要なのは、お互いにどこまで腹を見せ合えるのかの観点だ。もちろんこうした関係性の押し売りはNGだ。相手の反応をうかがいながら、距離をつめる。

その意味でメッセンジャーでのやり取りは関係性のリトマス試験紙である。

SNSでは「誰と誰がつながっているか」が可視化されていることもあるため、転職などのタイミングで、「あの人と知り合いですか？」といった連絡をもらうことがある。そこからコミュニケーションが始まり、「久々に会いましょう」と新たな仕事の種が生まれることもある。その意味で、使いようによってSNSはコンサルタントにとっても有用なツールになる。仕事につながる可能性を見越して、ネットワークに網をかける意識を持とう。

「DX」にしろ「SDGs」にしろ、ネットワークの布石として情報発信を行う。そうすることで、「教えてください」と連絡をいただくことも少なくない。「この人は確実に自分に興味を持ってくれている」という人には、その人が必要としていそうな情報をこちらから能動的にシェアする。自分の意識的なアウトプットがネットワークを維持し、広めるのに役立つわけだ。

メディアからオーダーがなくとも、今はｎｏｔｅなどのプラットフォームを活用して個人の発信ができる。そうしたコンテンツをきっかけに自分を知ってくれる人も多い。

たとえば、日常的なアウトプットをしている者同士で飲みに行けば、お互いの考えていることを把握できているので、話も深いものになる。結果的に、情報がお互いにゼロで飲むよりも、一層親密度は高くなる。

敵を作ってはいけない

コンサルの業界は狭い。特に上層部はみんなつながっている。どこで何を噂されているかわからない。だからこそ、全員と仲良くなる必要はなくても、敵を作ってはならない。

たとえば、別ファームの知り合いから相談を持ちかけられたとする。もちろんクライアントの情報は何があっても漏らすことはない。それでも一プロとして求められた意見には機密の範囲を遵守した上で、いつでも真摯に答えるようにしている。自分がこの姿勢を貫いていれば、逆の立場になったとき、ほとんどの人は同じ対応で返してくれる。

最近は世の中でも転職が当たり前になった。自分が気に食わずにクビにした部下が、いつかベンチャーの社長になり、そのベンチャーが買収されたことで、気づけば自分の上司になった、などといったことが普通に起こり得る。

だからこそ、「立つ鳥跡を濁さず」を徹底したい。わだかまりが残っている人が退職する際には、あえて最後に食事に誘ってみるのもいいだろう。「あのときはすみませんでした。これからも機会があればぜひ一緒にやりましょう」と和解をした上で次のステージに行く。すると、回り回って、今度は無二の仲良しに関係が転化することだってあるだろう。逆に喧嘩別れはどこかでしっぺ返しがくる。

複数人での接待よりも、割り勘でのサシ飯

私は会社主導で行われる大人数の接待の場にはほとんど足を運ぶことがない。たとえば、4対4の座組だと、ほとんどまともに相手と話せない。お互いに貴重な時間を割いてまで、気まずい時間で終わってしまうのはもったいない。そもそも接待の目的は人と人とのコミュニケーションの沸点を上げることだ。その目的を達成するためには、サシで行くのが理想的である。

さらにいえば、会食はできるだけ割り勘にすることが望ましい。「今度あのお店に行ってみましょうよ」とフランクに誘い合える関係こそ信頼の証しである。もちろん初めのきっかけは高級レストランから始まるかもしれない。それでも私の最終的な理想は、新橋の高架下の居酒屋で気兼ねなく飲み明かすことだ。他に誰もいないサシの場だからこそ、「あなたのためだったら何でもやる」などと恥ずかしいことも臆面なく伝えることができる。

ロジカルシンキングの前に「ストーリー」と「直感」

ロジカルシンキングからイノベーションは生まれない

一般に、コンサルタントといえば「ロジカルシンキング（論理的思考力）」といったイメージを持たれている方が多いかもしれない。ただ、私の考えを述べれば、ロジカルシンキングが効力を発揮するのは使い方次第である。

なぜロジカルシンキングが大切なのかといえば、クライアントも社内で論理をもって上司を納得させなければいけないからだ。何十億円もの新しい事業提案が上層部を通過するためには、それに見合った説明が求められる。プロとしてクライアントの状況を考えるのであれば、クライアントのために、一本筋の通ったロジックを用意することが必要になる。

そもそもロジカルシンキングで「ロジック」といわれるものの起源はハーバードのMBAにある。弁護士は自分たちの論説を証明するため過去の判例を参照する。同じ要領で、ハーバードのMBAが判例の代わりに編み出したのがケースメソッドだった。

過去の事例や企業を分析し、その成功要因を導き出し、「あなたの会社にも当てはめてみましょう」と説く。つまりただ組み合わせただけでは過去の成功パターンを並べているだけで、イノベーションでもなんでもないわけである。一流のコンサルはここに独自の視点を差し込んでくる。

「コンサルに限らず、多くの大企業で当たり前のように「過去の事例は？」と求められるシーンがある。私が一番嫌いな考え方である。事例を参考にして、事例を超えることができるだろうか。多くの人は無意識のうちに、事例にすがり、成功よりも安心をとってしまう。

もちろん私も、顧客から事例を求められれば、必死に今回の案件に該当しそうな事例を探す。それも顧客第一の一面であるからだ。

しかし、その際肝に銘じておかなければならないのは、ロジックが何か革新的なものを生み出すわけではないということだ。

フレームワークへの依存から脱却する

たとえば私のいた時代に、アクセンチュアにはＭ１（Method One）やＢＩＭ（Business Integration Methodology）と呼ばれる、過去の何千、何万にも及ぶプロジェクトを体系化・汎用化した、ビジネスフレームワークの方法論があった。

私も入社して初めて目にしたときには、その物量に驚いたものだ。その見た目だけで「コンサルってすげえな」と思ってしまう。そのフレームワークを利用すると、徹夜をすれば１００ページのかっこいい資料を作れる。昔は資料の物量が超人であることの証明だという風潮があった。「たったこれだけの期間で、こんなにたくさん考えてくれたのか！」と、簡単に顧客からの信頼を勝ち取ることができた。

こうしたメソドロジーを用い、あるコンサル会社などは「過去に1万件以上の成功例がある」という説明を繰り返す。しかし、肝心な「その結果、今回はどういったアウトプットが出てくるのか」は明示しないことが多かった。ようは「このメソドロジーを使って頭のいい我々が考えるんだから、すごい成果があがるはずだ」と期待を煽るだけで、1億円の予算を獲得できる時代が続いてきた。

しかし、フレームワークで誤魔化せる時代は終わりつつある。新しいものを生み出せなければ、競争にも勝てない。コンサルにイノベーションが求められる時代、ロジックの一本足打法だけではいずれ飽きられて終わるだろう。まして最近はコンサルタントが相手にするクライアントの側も当たり前のようにMBAホルダーである。SWOT分析程度のことは誰でも知っている。

フレームワークは便利だが、無能なコンサルほどフレームワークに依存してしまう。しかし、それは思考ではなく作業である。小難しい用語とともにフレームワークがちりばめられているだけであり、本質的なアウトプットではない。ロジックが安心材料になることはあっても、イノベーションは生まれない。

ロジックだけで「バリュー」は生まれない

ロジックだけを当てにしていては生き残っていけないのだとすれば、何が重要になるのか。私の答えは一つ。「ストーリー」である。

私が野村総研に在籍していたときに学んだ考え方に「ISOV（イシュー・ソリューション・オペレーション・バリュー）」がある。

ロジカルシンキングを用いればイシューからオペレーションまでは導き出せるだろう。しかし、最後の「バリュー」はロジックでは生み出すことができない。

たとえば数学は公式さえ用いれば、誰が問題を解こうが導き出される答えは同じであるが、それと似ている。手っ取り早く答えを導き出したい多くのコンサルは、ロジックを使ってボトムアップで積み上げる。しかし、そのやり方でたどり着くのは、クライアントに「そんなことは最初からわかっているよ」と思われてしまうような、凡庸な事実の再証明なのだ。

アンダーセンやアクセンチュアで働いていたとき、私はこのようなやり方にずっと疑問を持っていた。誰でも、どんな企業でもできるような企画がなぜ通るのか理解できなかったし、実際にプロジェクトが始まると、期待通りの結果が得られないことがほとんどだった。「自分だったらこうするのに」と悶々としていたものだ。

自分がマネージャーやシニアマネージャーになり、決定権を持てる立場になったとき、初めて自分のアイデアをもとにした提案をお客さんに伝えることができるようになった。私の方法は、直感・共感・官能をもとにしながら、一つの「ストーリー」を描くのである。

たとえば、私がお客さんとのヒアリング中に思いつく「こんな事業は面白いだろう」「この人物とはいいコンビが組めるだろう」といった瞬間的なアイデアをもとに、プロジェクトを練り上げていく。

ＩＳＯＶのうち、最後の「バリュー」とは何か。それは、このイシュー、ソリューション、オペレーションに、なぜ私とクライアントが取り組むのかという、個別具体的なストーリーである。苦難を乗り越えてどのような素晴らしいゴールを迎えることができるのか。「私とあなた」を主人公としたワクワクするストーリーによってのみ、バリューは表現することができる。

ストーリーがあれば、クライアントが深く共感し、リスクを一緒に背負って冒険をすることができる。一流のコンサルタントは、プロジェクトが終わった後もクライアントと長く関係を保つことができるが、それは一緒にドラマチックな冒険を共有した経験があるからである。

私にとってのロジカルシンキングとは、イノベーティブな発想をクライアントに説明するためのストーリーを作成する道具に過ぎない。常識から飛躍した結論からバックキャスティングで方法論を後付けしていく。それをクライアントに演出し、伝えるのに使うのがロジカルシンキングなのだ。

直感力や発想力に強みがある人であれば、ロジカルシンキングは補助輪として絶大な効果を発揮するだろう。周囲からは魔法のように思われる。アイデアは奇抜なのに、それを裏づけるロジックやストーリーが精緻だからだ。

誰もが直感力を持っている

本来、誰もが直感と発想力を持っているはずだ。ロジカルシンキングの落とし穴はあまりに覚えることが多いこと。それにより、ロジカルシンキングを完璧にこなそうと思うあまり、多くの人はそこでつまずき、あたふたして自分の感覚を失ってしまう。ツールに頼り過ぎて自分の直感にアクセスできなくなるのだ。あくまでも私が感じる傾向に過ぎないが、経歴がピカピカな人ほどロジカルシンキングの罠にはまりやすい。

逆に言えば、直感や発想を磨けば、学歴のない人だってロジカル一辺倒の人々を打ち倒せる。人間は百人百色で、それぞれ他人とは違う自分だけの感覚（価値）を持っているはずだ。それが時代や状況にマッチするかは運と縁によって決まる。その意味で、チャンスは誰しもに開かれている。

だからといって、ロジックを軽視していいわけではない。ある程度ロジックのからくりを理解していないと、最後はロジックに力負けしてしまうからだ。ロジックの基礎を押さえた上で、あとは自分の直感に自信を持ち、信じること。個性を伸ばさなければ、他人と差をつけるのは難しい。ノウハウ本を読み漁る前に、自分自身の特性と価値に向き合ってみてほしい。

直感力を磨く上で恐れてはならないのは、相手からどう思われるのかという不安である。「こんなアイデアを言ったらバカだと思われるのではないか?」「それって根拠あるの? ロジックで説明してよ」と突っ込まれることを恐れてしまう。そうした際はまず、自分の頭の中にあるアイデアを書き出し、見える化してみる。客観的に自分の発想を眺めてみれば、案外筋の通ったアイデアになっているはずだ。

いかに人の目を気にすることなく、発想を広げるか。特に若いうちはその余裕を持つことが、その後のキャリアを左右することになる。

原書まで読み込み、徹底的にフレームワークを理解する

クライアントにプロジェクトの内容をプレゼンするときに、「これは私の直感です」

などとは言ってはいけない。名前がある程度売れているならともかく、若い頃に直感だけで意見を述べると「お前の直感なんか聞きたくない」と言われるのが関の山だろう。

直感を発揮するのはスタート地点であって、それでクライアントへの説明が成立するわけではない。直感から導き出された理想のゴールへの道のりを、どのように伝えるかが肝心だ。

たとえば、「今、市場はこうなっていることをご存じですか」と市場データを示し、競合関係や新たな参入の動向を説明する。そうすることで、直感を隠し味のように混ぜ込み、納得させる。表立って「これは直感だ」と言うのではなく、データや理論で巧みに支え、結果として自分のビジョンが相手に伝わっていればいい。

ロジックからなるツール群は、いわば直感を支える兵士だ。何かを成し遂げるとき、兵士がいなければ達成は困難だ。あなたの発想に基づいて、その兵士たち、つまりフレームワークを動員するのだ。

ただしここで一点伝えたいのは、フレームワークの上澄みだけを我田引水的に使えと言っているわけではないということだ。

たとえば、マイケル・ポーターが考案した「5フォース」という事業環境分析フレームワークがある。だが、多くの人は「サプライヤーの力」や「バイヤーの力」を理解していないと思う。ポーターのフレームワークは彼の直感を体系化した結果であり、その背景を理解することで、彼の直感がどう働いたかを追体験できるのだ。原書を読むことによって、ポーターの感覚がどのようにフレームワーク化されたのかを知ることができる。私自身、「なるほど、ポーターはこういうことを考えていたのか」と納得することが多かったが、その上で「俺だったら、今はこういうフレームにするな」と思うこともあった。

5フォース分析が優れているのは発明者のオリジナルだからであり、ちまたの「まんがでわかるポーター」というような入門書が解釈を加えたものとは別物なのだ。

3C分析も同様で、多くの人が『企業参謀』を読まずに、ただ「コンペティター（競争相手）」「カンパニー（企業）」「カスタマー（顧客）」という3つの要素に当てはめれば分析になっていると思い込んでいる。

大前研一が日本でコンサルティング業務を立ち上げたとき、その洞察力と創造性は天才的だった。コスト削減や品質向上といった企業内部の論点に偏重しがちだった日本企業に対し、差別化や競争優位といった今では当たり前になっている「戦略」というものを鮮やかに説明し、経営者の目を企業外部に向けて開かせたのである。

フレームワークへの理解度は、それを使用したアウトプットに必ず反映される。

どんなシーンで3C分析が有効なのかを理解せず、プレゼンに「とりあえず」3C分析を使ってみる。こうした小手先のテクニックが積み重なることで、最終的には顧客に響かなくなる。共感や信頼感が薄れ、「嘘くさい」と感じられてしまうのだ。

何か一つの軽視は小さなことかもしれないが、それが100回繰り返されると「ナメている感」が大きくなり、結果的に顧客からの信頼を失う。クライアントは優秀なのだ。わかる人から見れば、思考の浅さは一瞬で見抜かれてしまう。ロジックを用いるからには細部まで神経を張り巡らせたい。

フレームワークを使うなら徹底的にその背景を理解し、フレームワーク自体をリスペクトすることだ。私はフレームワークを否定しているのではない。むしろ、その意義を深く理解し、それを最大限に活用するための徹底的な勉強と準備が必要だと考えている。

英語がわからなくても、辞書を片手に原書を読む。コンサルタントの修業は泥臭くていい。私自身、戦略的経営の父と呼ばれるイゴール・アンゾフや、アメリカ経営史の草分けと評されるアルフレッド・チャンドラーらの著作を原書ですべて読んだ。わからない単語ばかりだったので、本は書き込みだらけだ。知の巨人たちがいかに直感を体系化していったのか、そのダイナミズムを読み解き、自分の中に血肉化していこう。批判的に読書することで、自分なりのフレームワークを考え出すことだってできるかもしれない。

私はいまだに初心に返るため、メンテナンスの意味も込めて読み返すことがある。野球でいう素振りに近い感覚かもしれないが、基本動作に立ち返ることで、今の自分の考えの立ち位置を知ることにもつながる。

3 章

市場価値を高めるための自己研鑽

3章は、主に転職とスキルアップがテーマ。ビジネスパーソンとしての評価を高めるための、インプット（スキルアップ・勉強）やアウトプット（情報発信・ブランディング）の話をする。また、私の転職経験や、その際の考え方を紹介する。

9社を渡り歩いた私の転職観

転職に回数制限はない。自分の心の声に耳を傾けよう

今の時代は転職が当たり前になった。私自身、9社を渡り歩いてきた。私が転職をするタイミングはいつも、新しい何かにチャレンジしたくなったときだ。

私のキャリアは日立から始まった。そこで「日銀ネット」という日本の金融を支えるプロジェクトを手掛けたことがある。当時、インターネットは存在しなかったので

すべてが専用線でつながっていたが、日本全国がネットワークでつながるという事実を目の当たりにした。この経験から、「コンピュータの時代の次はネットワークの時代が来る」と確信し、自分のキャリアをそういう方向に進めるべきだと感じた。

この直感は、後にアクセンチュアにいた時代にさらに強まった。

アクセンチュアでは、当時はまだ監査法人系のコンサルティングという性質が強く、イノベーションよりも業務改善に関するプロジェクトが多かった。未来を見据えたときに、より個人でも情報を発信しやすい環境に移り、イノベーション関連の仕事に主軸を移したかった。

そこで、野村総研に移ることにした。野村総研は、スタッフのメディア出演を許しながら、さらに会社としても積極的にメディアに登場し、大々的に「未来創発」を謳っていたからだ。

野村総研で尊敬するコンサルタントの一人である北俊一さんに出会った。彼は通信業界では圧倒的ナンバーワンのコンサルタントであり、誰よりも先に通信の未来を見抜いていた。当時はまだインターネット黎明期であったものの、彼と話していると今後は企業がＩＴと結びつき、未来が創発される図が鮮明に頭に浮かんだ。そこで、Ｉ

Tの本流を感じるために日本IBMに転職することになる。

一事が万事、時代のうねりを感じたら次の環境へ移る。これを繰り返してきたキャリアである。とはいえ、「立つ鳥跡を濁さず」を徹底し、必ず円満な形での転職を心がけてきた。だからこそ、今でも各ファームの人々とは良好な関係を保っている。これは私が裏切りという形で同じ領域で転職するのではなく、自分に新たな付加価値が生まれるまったく別の領域に移ってきたからだ。

転職に回数制限はない。一社に骨を埋めることに、もはやどれだけ社会的な美徳が残されているだろうか。確かに私が新卒で入社した日立を退職したときは、大企業を辞める人はまだまだ珍しかった。

部長に呼び出され、かけられた言葉が今でも忘れられない。

「テレビをつけてみろ。ニュースで映される犯罪者たちのキャリアはなんだ？　仕事を転々と変えていく転職者だよ。お前は今、犯罪者の一歩目を歩み始めているんだ」と真剣に諭された。

時が流れその後、私は日立製作所から講演依頼を受け、幹部向けにキャリアについての話をすることになる。犯罪者と呼ばれた私がその会社で講演をすることになるのだから、キャリア、ひいては人生のことは誰にもわからない。時代が変われば、マイノリティがマジョリティになる。すると、過去の価値観は全否定されるわけだ。だから他人のアドバイスはほとんど眉唾だと思った方がいい。何より大切にすべきは自分自身の価値観である。

だから転職を躊躇《ちゅうちょ》する必要はない。選択肢があることが幸せなのだ。否定をしてくる人たちになんの権限もない。転職をしたいのなら、すればいいだけのことだ。自分の官能に素直であろう。

給料の下がる転職をしたことは一度もない

ちなみに気になる読者も多いと思うので、転職時のお金の話もしておこう。

私はこれまで給料が下がる転職をしたことが一度もない（唯一下がったのは、アカデミアの世界に移った今だけである。実際には副業もしているので、総収入は上がり続けている）。移る会社では少なくとも前職の120%以上の待遇を確保してきた。

相手が自分に対し、実力を認めてくれて引っ張り上げようとしてくれているのであれば、給料が上がることは当たり前の話だと思っている。

逆に、前職より給料が下がるというのは、自分にそれだけのバリューを認めてくれていないということである。相手によっては給料ではなく、やりがいをアピールしてくることもあるだろう。交渉で弱気になり、やりがいに逃げるのは簡単だ。それでも自分自身で価値を認められているのであれば、フェアに交渉すべきである。

ビジネスにおけるバリューは対価そのものであることを思い出そう。「お金が大好きだから」などの低俗な理由ではなく、そもそもお金は価値を測る指標なのだ。だから私は決してこの点を譲ることはない。

一方でこれは、自らのバリューを発揮できていないのに高望みをすればいい、という話ではない。なぜ、それだけの高い年収を得られるほどのバリューが自分にあると思うのかを、客観的に分析する習慣を身につけておくべきだ。

昨今では新卒の給料が上がっていると聞く。最近の外資系コンサルでは、新卒から600万円近くの給料が約束されるのだという。戦略系であれば楽に600万円を超えるらしい。辛口に言えば、もらい過ぎだ。まだエクセルもまともに動かせないのに、金額に見合うバリューが発揮できると思うだろうか？

人の価値に見合わないお金を出すというのは、彼らを勘違いさせてしまうと思う。いきなりそんな給料をもらったら、金銭感覚が変わり、自分のバリューに対しての分析も歪んでしまう。

私は、大手に行った卒業生たちにこそ、「高い給料をもらっても、自分のバリューがいくらかをちゃんと考えろ」と言うようにしている。その給料は、自分の価値ではなく、「外資系コンサルの1年目」というブランドの価値なのだ。入社時に全員同額をもらえるのが、その証左だ。

コンサル会社は確かに一般的な業界と比べて給料が高いかもしれない。しかし、それはあくまでもスタートポイントでしかない。そこからは自分の価値で上げていく他ないのだ。それが2000万円になるか、数億円になるかは、自分次第である。

〝本物の〟転職エージェントとだけ付き合おう

実際に転職を検討する際、転職エージェントを活用すべきか迷う人も多いだろう。一つの方法として転職エージェントはアリかもしれない。

ただそれも、よくある「ＭＢＡに行くべきですか」との質問と大差ない。そもそも人生に正解はないのだから、玉手箱なんてないのである。

それでもエージェントを活用したいなら、必ず気にすべきはそのエージェントが人としてどんな人物なのかを見極めることだ。そもそもあなたの価値を適正に評価できる人かどうかは確かめなくてはならない。転職エージェントの業界は玉石混交である。可能な限りエージェントのプロフィールを共有してもらい、精査するべきだ。その信頼なくして自分のキャリアを誰かに委ねるのはリスクとさえいえる。

私にはアクセンチュア時代の仲間の一人に、独立した、信頼できる転職エージェントがいる。彼との面談では自分のキャリアの話だけではなく、さまざまな業界の最先端の情報を得ることができる。むしろ彼に会うのは自分のキャリアを相談したいからというより、今業界では何が起こっているのかを勉強するために会う目的の方が大きいかもしれない。

本物のエージェントを掴まえることができたら、できる限り長く、深い関係性を築いた方がいい。彼らには彼らのビジネスがあり、その論理に従い行動をしている。少しでも給与の高い企業に、なるべく多くの人材を送り込む。彼らのビジネスモデルは至ってシンプルである。それでもなお、腹を割って本音で自分の市場価値を伝えてくれる人なら、話を聞く価値は十分にあるだろう。

〝スーパーマン〟であるためのコンサルの勉強論

インプットできることは日常に転がっている

コンサルは知的労働者なのだから、時間単位で働いているわけではない。こだわろうと思えば、いつまでも仕事は終わらない。

その意味ではアーティストにも近いものがある。納得のいく一曲を作るため、ひたすら音楽に打ち込むわけだ。その原動力になるのがアーティストならリスナー、コンサルならクライアントの喜ぶ顔だろう。

私が野村総研にいた頃、北俊一さんという尊敬するコンサルタントがいた。彼はコンサルたるもの、日常で触れるあらゆるすべての物事を趣味として楽しまなければならないと言っていた。

たとえばAppleが新商品であるiPhoneを発売したとする。世の中になかった新しいデバイスを市場調査しようとすると、気が重い。なぜなら、わざわざ商品を買ってきて、項目にまとめた表に照らしながら、あらゆる機能を試さなくてはならないからだ。それでも、自分がそもそもガジェットオタクならどうだろう。誰に言われるでもなく、自分で楽しみながら、いじり倒すだろう。

今だったらChatGPTをはじめとする生成ＡＩも同じことだ。自分の仕事に役立ちそうか否かにかかわらず、真っ先に触り、自分なりに使い倒しているか。ちょっとしたマインドセットの違いかもしれないが、やらされ仕事なのか、自発的な行動なのかの差は大きい。

インプットの時間は思うよりも多い

こうした意識を持っていれば休みの日の過ごし方も変わってくる。たとえば私は典型的な〝ながら族〟なので、ちょっとした作業をする際は、傍らで必ずNetflixやHuluなどの動画配信サービスを垂れ流している。

もちろん思考を要する仕事で〝ながら〟はできないが、事務作業の場合は、同時にインプットができる。コンテンツを消費する時間そのものの捻出が難しくとも、日常には意外とスキマ時間が多くあるものだ。日程調整は動画を観ながらでもできるし、移動中も貴重なインプットの時間になる。

世間的に忙しいとされる人ほど、自分なりのインプット／アウトプットの習慣を確立している。継続の力はバカにならない。一度でも途切れるとそれは継続ではなくなるので、執着心を持って習慣化する。

たとえば私は音声プラットフォーム「Voicy」で毎朝情報発信を行っているが、

1600日間、一度も休んだことがない。インフルエンザで39度の熱が出たときでさえ、習慣が止まることの恐怖が勝り、配信をしたくらいだ。

先ほども触れたように、スキマ時間を活用すれば案外継続は難しくない。Voicyの配信に関して、私は犬の散歩時間を利用するようにしている。「忙しい」はインプット／アウトプットができない言い訳にならない。人一倍のインプット習慣があるから、常にクライアントにバリューを提供できる。

「戦略的学習力」を身につけよう

勉強方法よりも大切なのは、対象に興味を持つこと。私自身の過去を振り返ると、受験勉強は楽しめなかったものの、英語学習にだけは熱中した。大学入学後、バリューを高めるために思い立って英検一級を取ることを決めた。

誰に強制されたわけでもなく、自分で設定した目標に向かうのは爽快だ。自分自身でロードマップを引き、達成した際に得られる成功体験はその後の人生の糧になる。

私は英検一級に合格するため、いわゆるテキストブックで勉強する道は取らなかった。英検一級の問題を分析しているうち、東大入試に近いことに気づいた。そこで英検用の参考書ではなく、東大入試の赤本を解くことでトレーニングすることに決めた。このやり方が正しいのかどうかはわからないが、実際私はこの方法で英検一級に無事合格することができた。

この経験から学び得たことは、いわゆる「ラーニングストラテジー（戦略的学習力）」と呼ばれる、自分で立てた目標を自分なりの戦略とＫＰＩマネジメントによって攻略することの面白さだ。

学び方そのものを自分で考えて実践することの有用性は、何も言語学習に限ったことではない。

たとえば、私が今でも覚えているのはアクセンチュア時代に「無理ゲー」とでも言いたくなるほどの仕事を振られたときのことだ。

あまりの仕事の幅の広さに後ずさりしてしまったのだが、このときの経験が自分を成長させてくれた。多くの人は「自分の専門ではないので無理です」と諦めから入ってしまう。

そうではなく、「できる」を前提に考えてみる。特に若手ならば、そもそも専門性など高が知れているので、期待すらされていない。まずは複雑に見える仕事群を単純なモデルに変換してみる。その上で細かな一つ一つのタスクに落とす。「俺にはこれしかできない」と開き直ってしまえば、意外と自分にもできることは見つかるはずだ。

私は、コンサルタントならどんな新しい分野でも1週間以内にプロ並みの実力を身につけられなければ、生き残れないと考えている。

私自身、経験のなかった金融や通信の領域にアサインされ、死に物狂いでしのいできた。数週間後にはその道のプロと認められなければならないのがコンサルの力量である。

英語学習も同じことである。プロジェクトに臨むのと同じ姿勢で取り組めばいい。どうすれば効率的に英語を身につけ、相手に対して価値のある英語を話せるか。学習プランを立てて、1日ごとのタスクに落とす。あとは習慣化できるかだけだ。

一度成功体験があるため、私は未知の言語でも1ヶ月ほど勉強すればそこそこ喋れるようになる。基本的な挨拶のフレーズを覚え、基礎文法を理解する。上級者向けの項目はすっ飛ばし、日常で頻出する単語や会話パターンだけを覚え込む。これだけで案外、ちょっとした日常会話はできてしまう。

最先端のトレンドのインプットは大前提

コンサルは常に時代の流れに敏感でなければいけない。当然、アンテナを高く張り、呼吸するようにインプットし続ける必要がある。それは大前提である。最先端の話題の何を振られてもサラリと答えられる、コンサルタントはスーパーマンでなければならない。インプットの先にある実践が本物の勉強である。

たとえば生成ＡＩであれば、知識で知っているのは当たり前で、どれだけ実際に使いこなせているかが重要だ。記事や本をどれだけ読んでも仕方ない。ある時期になると、読書から得られる情報量に限界を覚える。限られた時間の中、専門家に会いに行ってしまった方が段違いに効率は高まる。ツールは使い倒してなんぼである。実際に触るからこそ深い洞察が得られる。洞察がない意見はどうしたって浅くなるし、バリューを生み出すことはできない。

ChatGPTの出現により、本物のコンサルしか生き残れなくなる

「ChatGPTによりコンサルをはじめとしたホワイトカラーの仕事が置き換えられるのではないか」──。そんな話題が最近メディアを賑わせている。

実際に触ってみればわかることであるが、こちらからプロンプト（指示）を入れなければChatGPTはいかなるアウトプットも返せない。プロンプトエンジニアリングによって人とAIは明確に差別化されているわけだ。

そのことがわからずに、「仕事がなくなるのでは」と怯えている人がいるとすれば、自分でChatGPTを触るのを放棄してはいないだろうか。だとすれば、部下に仕事を任せっきりの上司と同じ構図である。

そもそもインターネットが登場してから、情報そのものにバリューはなくなった。コンサルがなりわいにしていたような市場分析もコモディティ化している。今ではChatGPTを活用することで、瞬時にレポートだって作成できる。ChatGPTは〝誰に

でもできる仕事〟から順番に代替していくだろう。つまり、ChatGPTがコンサルの仕事を奪うのではない。ChatGPTにより真のコンサルしか生き残れなくなるだけである。その意味では、より良い時代になっていくのではないだろうか。

人間に残された仕事を煎じ詰めると、視点の提供になる。先ほど触れたプロンプトエンジニアリングはそこに含まれる。ChatGPTが出力する大量の情報そのものには価値はない。むしろ視点の獲得にChatGPTは有効活用できる。これまでのテクノロジーと生成AIの明確な差は、情報の発散ができるようになったことにある。たとえば、ChatGPTに情報を与えると、こちらの指示通りにいくつもの情報やアイデアを打ち返してくる。壁打ちの相手に最適なのである。私も最近、ChatGPTをスマホにも入れて、使い倒している。有料版（ChatGPT Plus）はサブスクで月額せいぜい3000円程度である。私は買える時間はすべてお金で買うようにしている。

その意味で、駆け出しのコンサル程度には優秀である。しかし、有能なシニアコンサルタントレベルにはまだ到底及ばない。効率化のツールとしては文句なしに便利ではあるが。新しい武器として使いこなそう。

コンサルに英語やMBAは必要か？

コンサルでTOEIC900以下はアウト

コンサルタントにはどの程度、英語力が求められるのだろうか。結論から言ってしまえば、「あなたがどうなりたいか」次第である。それでも私は、コンサルタントは皆、当たり前に英語を身につけるべきだと考えている。言うまでもなく英語ができれば、世界中の人とコミュニケーションがとれ、情報収集の幅も一気に広がる。正直、最低でもTOEICで900点は取らなければ話にならない。

「英語はできるようになった方がいいですか?」と質問してくる人のほとんどは「別にみんながする必要はないんじゃない?」といった答えを期待している。ようはサボるためのエクスキューズを欲しているのだ。

人材不足の今、ラーメン屋さんでさえ英語が必要な時代だ。だとすれば、トップエリートであるコンサルタントであればなおさらのこと、英語は間違いなくできるに越したことはない。自分でもわかっているはずだ。

私は最近タイ語やマレー語を勉強している。英語は必須として、第三言語を身につけたい。英語さえできればとりあえず問題ないのは正しいものの、やはり現地の言葉で話すから距離が一気に縮まることがある。相手を喜ばせることがコンサルタントの本分なのであるから、語学学習の研鑽も積みたい。

何も教科書通りにゼロから始めて、不要な勉強をする必要はない。あくまでも自分が使うであろう領域のテーマを重点的に身につけよう。

相手とコミュニケーションをとり、適切な質問ができれば事足りる。必要に応じてテクニカルターム（専門用語）を一つ一つインプットしていけば、効率がいい。あくまでも言語は自分を伝えるためのツールに過ぎない。

英語に触れる機会が少ないなら、自分で作り出すしかない。たとえばテクノロジーに関心があるなら、海外のテクノロジー雑誌を片っ端から買って原書で読んでみる。すべてを読み通すのが大変なら、まずは自分のお気に入りのコラムを見つけてみる。そのコラムに登場する英語を調べて英語帳を作ったっていい。

コンサルタントなのであれば自分が欲しい英語力を自分で定義し、学校で学ぶのではなく、自分で勉強方法も編み出していこう。

MBAは経営学を学ぶ入り口になる

「MBAはやっぱり行った方がいいですか?」と迷っている時点で行かない方がいいのではないかと私は思う。

私自身は心の底からMBAに行ってよかったと思っている。MBAに行かなければコンサルという仕事にも出合っていなかったし、今の自分は間違いなく存在しなかった。

しかしMBAに行った友人たちの多くは、口を揃えて「無意味だった」と言う。結局は自分自身でMBAの経験をバリューに転換するしかないのである。

拙著『直感・共感・官能のアーティスト思考』でも書いた通りであるが、ミュージシャンは音楽の基礎がまずあり、その基礎を壊して初めて自分なりの演奏ができるようになる。楽典や音楽理論抜きに作曲はできない。英語も同じである。基礎としての文法を押さえるから、発展的な表現ができるようになるわけだ。その意味で、MBAはビジネスの基礎が詰まっている。会計や人事、あるいはマーケティングや経営理論。それぞれの項目の基礎を教えてくれる。

ただし、勘違いしてはならないのはMBAのフレームワークは魔法の杖ではないということだ。今の時代、クライアントだって超一流のMBAの出身者であることが珍しくない。その意味で、MBAで教えてくれるのは氷山でいえば、あくまでも海の上の話である。確かに経営学を学ぶのは有意義であるが、表層だけなぞるのでは意味がない。やるなら徹底的に深さを追求したい。

3C分析にしろSWOT分析にしろ、そのフレームワークの背後にある洞察もセットで理解しなくては無用の長物でしかない。その意味で、ＭＢＡは経営学を深く学ぶための入り口になる。結局はコンサルの現場でクライアントと実際にやり取りを交わし、フレームワークの使い方の精度を上げていくしか道はない。そうするうちに、いつしかフレームワークが身体に染み付いていく。

付け加えておくと、私の経験から言えば、ＭＢＡで一番大切なのは「人脈づくり」だ。

私は特に石倉洋子先生に鍛え上げられたのだが、ＭＢＡではとんでもない難度や量の課題を投げかけられることがある。当然ながら独力ではどうにもならないので、誰かと協力しながら取り組むことになる。ＭＢＡの受講生はそれぞれ忙しいのだが、それでも共にプロジェクトに挑まねばならない。領域によって得手不得手があるので、それぞれの力が生かせるようにチームを組んでいく。プロジェクトを共にやり遂げた仲間たちはＭＢＡを出た後も同志として強固なつながりがある。

専門性よりもオリジナリティを

キャラクターごとに最適な話し方は変わる

コンサルタントはクライアントをはじめコミュニケーションをとらなければならない場面が多い。気になるのは話し方だろう。

どうすれば相手に魅力的に思ってもらえる口ぶりを身につけられるのかが気になる読者も多いかもしれない。ただ、個人的には話し方に絶対の正解はないと考えている。

むしろ話し方より気にするべきはそれぞれのキャラクター設定だ。キャラクター次第で最適な話し方は変わる。

たとえば私は陽気にペラペラと無限に喋るタイプだが、人によっては寡黙だったり、淡々と静かに話す人もいるだろう。私がコンサル業界に入るきっかけを与えてくれた青山学院大学修士での三谷史生先生は物静かな人柄だったが、スーパーロジカルであり、少ない言葉で相手を説得するのがスタイルだった。私は結局、最後まで三谷先生を論破できることはなかった。

もう一人、私の憧れの人である音楽家の坂本龍一さんもボソボソと喋る人だ。一時期は坂本さんの喋り口を真似していたこともあったが、すぐに「向いていない」と思ってやめた。話し方は人それぞれであり、自分のキャラクターに従い作り込んでいくものだと思う。

時代に合わせて専門性を磨く

話し方そのものよりも大事なのが、何を話すか、つまり話の中身である。当然ながら何かしら専門性を持っていることが望ましい。

ただし、コンサルタントは座学ではなく実践を通じて専門性を獲得する。いくら勉強をしたところで、生涯をかけて朝から晩まで研究に明け暮れているアカデミアの学者に勝つことはできない。コンサルタントとアカデミアの専門性は違うものだ。

コンサルタントは日々、ビジネスの現場に身を置いている。大前提として、自らお金を稼がなくてはならない。この前提条件があった上で、コンサルタントが武器にしなくてはならないのが、現実世界での経験と知識の掛け合わせであり、つまり「社会性」だ。移り変わりの早いビジネスの現場において嗅覚を働かせ、高速でアカデミアとは違う専門性を身につけていく必要がある。

一般に「専門性」といえば、特定の領域に絶対的な知識を持つことをイメージすることが多い。ただ、私は少し違った考え方を持っている。

私はＮＧＮ（次世代ネットワーク）から始まり、ＯＴＴ（オーバー・ザ・トップ）やクラウドコンピューティングなど、時代ごとのトレンドの専門家として認識されてきた。ただ振り返ると、自分はその時々で周囲の期待に応えてきたに過ぎない。鶏と卵ではないが、専門性があったから期待に応えられたのではなく、期待に応えたから専門性が獲得できたのである。１００の期待に、２００で返す。これが私のやり方である。正直、クラウドコンピューティングの本を書いた時点では素人レベルだった。

もちろんトピックによっては、すぐに答えを返せないこともあるだろう。その際に有用なのが人脈である。

専門家の友達がいれば、いつでも超一流の意見を聞くことができる。その意見を自分なりに咀嚼《そしゃく》し、自分なりに考えることで、オリジナルの意見が出来上がる。このプロセスを繰り返すことで、あらゆる人々の視点に触れ、自分なりの視点が磨かれていく。

この感覚は科学者のマイケル・ポランニーが『暗黙知の次元』で述べている暗黙知に通じるものがある。形式知を何百回と実践することで、だんだんと知識が身体化され、やがて暗黙知となる。そうなれば、相手からの問いにも反射的に答えられるようになる。この次元に至って初めて、情報提供のプロを名乗り、価値を提供することができる。

メディアに出続けるために必要なこと

自分の名前で仕事をする上で、私はメディア露出によるブランド認知拡大に注目し、メディアに出続けるやり方を実践してきた。

メディアから声がかかるためには、常に先方の興味に応えるコンテンツを出さなくてはならない。

そのニーズには当たり前に応えた上で、インタビューや対談ではテーマに紐づく広い知見や独自の考え方を発信する。それを見た別の媒体や関係者が、「エリックはこのテーマでも話せそうだ」と認知をしてくれる。つまり、メディアに露出し続けるために最も有効な策が、途切れることなく〝出続けること〟に他ならないのだ。

そのためには自分の専門の内側に閉じこもっていてはならない。時代の流れの中、その時々でメディアが求める情報は移り変わる。早い流れに自分自身が順応し、情報ではなく視点を提供できるようになる。

どんなトピックに対してもオリジナリティのある視点を提供してくれる識者は強い。理解が難しい専門の話よりも、聞いている側がワクワクする話を提供できた方が三方よしなのは言うまでもない。

自分のブランドを築くことに意識が向けば、勉強のやり方、情報発信のあり方も変わってくる。

「自分の専門は◯◯です」と変化を拒むなら、それはサボっているだけである。自分の専門分野だけに固執し、既存の知識で仕事をこなすことは、プロとしての姿勢ではない。

私の周りのトップコンサルタントたちは絶え間なく勉強を続けている。みな謙虚であり、よく勉強し、幅広い知識を持っているのだ。そして、その謙虚な姿勢を崩さず、常に情報を積み上げている。

なぜトップコンサルタントが謙虚に学び続けるのかといえば、それが本人の持つ価値観であるからということだけではなく、謙虚でいることのメリットが実際に大きい、というのもある。

謙虚な人には他者が喜んで情報を与えてくれる。一方、マウントを取ろうとする人に誰が情報を教えたいと思うだろうか。コンサルタントが偉そうにしたり、マウントを取ったりすると、情報が取れなくなる。お客さんからも同僚からも情報が得られず、結局自分の狭い知識の中から引き出すしかなくなる。そんな情報に価値があるはずがない。

メディアやクライアントを驚かせ、喜んでもらうためには、どんな手段を使ってでも情報を集める。そのために他人の力を借りることも厭わない。詳しい同僚がいれば、頼み込んで教えてもらう。教えを請いたい専門家がいれば、アポイントを取る。自分が物知り顔で講釈を垂れることで守られる虚栄心よりも、優先すべきことがある。

そのような姿勢で情報に当たり続けた蓄積が、いつしか専門知識として昇華され、新たな「自分のブランド」となるのである。

今この瞬間から情報発信を始めてみよう

私が「松永エリック」という自分の名前で仕事ができるようになったのは、野村総研にいた30歳頃だ。理想的にはコンサルになって3〜4年が経ったら、ある程度独り立ちしておくのが望ましい。特に今の時代は、自分の名前を売る方法は無数にある。もちろんクライアントとはNDA（秘密保持契約）を結ぶため、仕事に関連する情報を流してはいけない。この点が誤解を招きやすい。表に出せるクライアントに関する具体的な情報は限られていても、業界の専門的な潮流であったり、抽象化した学びは自分の言葉にして伝えることができる。この見極めこそ、バリュー思考といえるだろう。肌感覚でそれを掴めるようになるのが、3〜4年の期間になる。

現在のインターネットを代表するサービスにGoogleやAmazonがある。こうしたサービスはベータ版（正式版をリリースする前にユーザーに試用してもらうためのサンプルのソフトウェアのこと）を高速で世の中に出していく。今では当たり前に使われているGmailもGoogleストリートビューも最初はベータ版だった。彼らは高速でPDCAサイクルを回すことで、正式版をリリースするか、撤退するかを常に試しているわけだ。

私たちコンサルタントは、「ベータ版としての自分」を世に出す感覚を養うべきだと思う。

とにかく積極的に情報発信をしてみる。手応えがないなら方法を変えればいい。多くの人は「なんの情報を出すか」の時点で立ち止まり、分析だけして、結局何もしないことが多い。完璧なものを目指すよりも、まずはベータ版で試してみる。この姿勢にキャリアは関係ない。若手だろうが、自分なりの視点で発信できる情報はあるはずだ。同じアドバイスを学生にもすることがある。今思いつかないなら、3年後にも思いつかない。今の自分に何があるか、何を差し出せるか。アイデアがある日突然、空から降ってくるわけではない。

常日頃から自分に問うことだ。最先端のテクノロジーが並べられた展示会に行ったところで、革新的なインスピレーションを得られることなどない。学生なら大学やバイト、それぞれの日常で課題を見つけよう。どうすれば価値を見つけられるか。今この瞬間からこのマインドセットを持つことから始めよう。

社内でやっかみを受けても情報発信は続ける

メディアに個人で露出をしていると、社内では必ずやっかみが発生する。ただし、私自身はこうした反応をそれほどネガティブに捉えることはない。むしろ言われてなんぼであり、文句はチャンスに変えればいい。

某コンサルファーム時代、私がメディアに寄稿した際、「お客様の情報が流出しているのではないか」と勘ぐる人がいて、当時の私の上司にチクっていたことがあった。もちろん私は、守秘義務の範囲は重々把握した上で発信をしているわけだが、周囲からそのような声が上がったことに対してありがたく思っていた。というのも、言われたことによって逆に上司に説明する機会が発生したからだ。

記事が出たあと、私は上司に呼ばれ、「こんな声が上がっているけど、どういうこと?」と、質問された。それに対して私が「クライアントを害するどころか、むしろこの記事はクライアントのためになっているんです。これでA社の案件を取れました」と返答すると、「なんだ、そうだったのか。それならもっと発信を続けてくれ」と、情報発信の価値を理解しサポーターになってくれた。逆に言えば、それくらい当時はメディアでの情報発信がネガティブに捉えられていた。

また、その他にしばしば上がる声として、「メディアに出ているばかりで、本業がおろそかになっているのではないか」といったツッコミもある。

こうした声がそもそも出ないよう、普段から人の1・5倍仕事をし実績を残せばいい。そのためには、皆がやりたくないような地味できついプロジェクトであっても、ファームにもたらす収益が大きいものには積極的に関わって、組織に貢献をしておけば、彼らも文句のつけようがない。

たとえば、PMO絡みの案件は基本的に大規模プロジェクトであり、予算も大きい。ただし、仕事の中身がイノベーティブで面白いとは言いがたい地味なプロジェクトであるため、特に厳しいクライアントだと自分から手を挙げる人が少ない。こうした案件こそ私は前のめりに取り組むようにした。

ただし、同じPMOのプロジェクトでも必ず何か新しい価値が出せないか、新しいアイデアに取り組めないかと考えることは徹底するようにした。それにより、新しいプロジェクトが派生することがあるのだ。他のコンサルが価値を見出さないで嫌がる地味な仕事を一捻りして人一倍こなすことで、社内でのレピュテーションを貯めておく。そうすれば、メディアに出たくらいで文句を言う人はほとんどいなくなる。ゼロにはならないが。

Win-Winをベースに、社内外にコミュニティを作る

情報の交換はGIVE&TAKEが基本となる。相手にGIVEだけを求めるのは筋違いだ。自分がなんの価値も出さずに、相手から何か価値を引き出そうとするのはフェアじゃない。

社内外関係なく、私は「Win-Win」をベースに物事を考えている。まず初めに自分が価値に見合う人間になれば、自ずと人は集まってくる。一度コミュニティが出来上がれば、他の人は太刀打ちできなくなる。どれだけ実力があろうが、一匹狼で

は異分野の才能が集まったチームには勝てない。いつしかそれがコンサルタントの差になる。

ここでいうコミュニティは社内に限定されない。クライアントとの関係も同じこと。お客さんをコミュニティ内に巻き込んでいけるかが、コンサルタント人生でどこまで遠くに行けるかを左右する。

私自身のコンサル人生を振り返ると、プロジェクトを通じてつながった多くのクライアントと個人的な人間関係を長く築いてきた。今では多くの方々がそれぞれの会社で重役のポストに就いている。中には大企業で社長にまで昇進された方もいる。

プロジェクトが終わった後でも良好な人間関係が続いていれば、いつしか再び仕事を共にする日がやってくる。だからこそ、平時からすべての人とのリレーションづくりに真摯《しんし》に取り組まなくてはならないのだ。その際、打算的になり役職者としか付き合わないのは間違っている。10年後、誰がどのポジションにいるかを占うことはできない。

専門性よりもオリジナルな視点を持っているか

専門性にも増して、コンサルタントに重要なのは、自分ならではの視点を持っているかどうかだ。

ChatGPTが2022年末にリリースされ、日本でも話題になったとき、専門家でもない私の元に生成AI関連の取材が殺到するようになった。取材元が私に求めているのは専門的な知識というよりも、私の生成AIに対する視点である。

クラウドコンピューティングが注目を浴びたときも同様、専門家ではない私の元に本の執筆や講演の依頼が届いた。ようは、新しいテクノロジーやトレンドが出てきたときに、〝独自の視点を持っている人〟というポジションを確立しているかどうかが重要なのである。

では、どうすれば独自の視点を養うことができるか。

多くの人は世に存在する情報をそのまま鵜呑みにしてしまう。分析や解釈を施していない情報は知識とは呼べないだろう。正しい／正しくないは置いておいて、真正面から自分の頭で考え抜いてみたのかどうかが重要である。新しいテーマにぶつかったとき、常に疑問を投げかけ、自分の頭で考える癖がつけば、自ずと独自の視点を持つことができるようになる。

自分なりの視点を持つことができたら次に意識しなくてはならないのは、相手のニーズを汲み取り、それに合わせて話すことだ。「生成ＡＩについて語ってほしい」と同じお題をもらったとしても、その時々によって私が語る内容は変わる。相手の立場やキャリアを踏まえ、取材の目的を理解しなくてはならない。それを無視して自分の語りたいことだけを語ったところで、相手の期待に応えることはできない。こうした場面を何度もくぐり抜ける過程で、あらゆる視点や角度から物事を考えるため、結果として独自の考え方が確立される。

4 章

ハードワークに負けない
コンディショニング

突き抜けたバリューを出すためには、どうしてもハードワークが求められる。４章では、私が「ある意味、コンサルタントは異常な職業だ」「向いている人、向いていない人というのは存在する」とまでいう、コンサル業界での働き方について語っていく。燃え尽きることなく成果を出し続けるために必要な、心身の整え方を紹介しよう。

「辞める」決断をする前に、一つだけ伝えたいこと

死に物狂いでクライアントに向き合ってみよう

コンサル業界も例に漏れず、メンタルを病んでしまう若手が少なくない。私の元にもよく相談に来ることがある。

そうした際に私が伝えるのは、コンサルだけが仕事のすべてではないということ。そもそもこの仕事は特殊である。この仕事が合わなかったからといって、自己否定

する必要はない。

ただ、まだ元気が残っていそうな人にはこう伝えるようにしている。「一度でもいいから、死に物狂いでクライアントに向き合ってみよう」、と。その上で、コンサルを続けるのかを判断すればいい。

メンタルを病んでしまう人の多くは誰のために価値を出すのかを見失ってしまっている。だから仕事に喜びを感じられない。長時間労働による身体の不調というより、見返りのない精神的プレッシャーからくるメンタルの不調が原因の大半ではないだろうか。

もちろん私だってプレッシャーは感じる。しかし、プレッシャーは大きければ大きいほど、打ち返した後のリターンも大きくなる。

苦しい現実だけが目の前に立ちはだかり、その先に待っている果実が見えなければ、苦しいのは当たり前だ。ゴールの見えないマラソンに耐えられる人はいない。だから、しっかりとゴールを認識しよう。

序章でも触れたが、私のコンサル人生の転機になったのは師である安間さんに言われた「お客さんと泣いて抱き合うこと」を目的に、プロジェクトを完遂したことだ。

人との関係がない仕事は存在しない。

バックオフィスの経理や総務にしたって、社内との人間関係がある。ましてコンサルの仕事はクライアントあってのものである。人と人との付き合いが仕事の大前提だ。そこから逃れて別の仕事に転職したところで、状況は変わらない。

「僕は、私は、元コンサルだから」とプライドだけが高くて、大した仕事ができなければ、人はついてこない。隣の芝はいつだって青く見える。「易きに流れる」を繰り返すだけの人生は上昇していかない。

厳しいが、それが現実である。

ある深さに達して初めて見える世界がある

どうすれば仕事に没頭できるだろうか。

嫌々毎日、徹夜をしている状況は没頭とはいえない。本当の没頭とは無駄なことを考える暇すらない状態のことだ。

寝ることすら忘れてゲームに熱中する子供を思い浮かべてみてほしい。誰かに止められなければ、倒れるまでゲームに打ち込んでいる。大人である私たちがどうすればあの状態に行けるか。

とにかく一つのテーマを深く、深く掘り下げてみる。まずは5分でもいいから毎日続けてみる。徐々にその割合を大きくしつつ、一つのことを継続することが大切だ。ある地点に到達して初めて見えてくるものがある。

アートを例に考えてみよう。

素人がピカソのキュビスムの絵を見せられても、なんのことかわからない。

しかし歴史を遡れば、キュビスムの源にはフランスの画家ポール・セザンヌがいることがわかる。彼は「すべての自然事象は円柱形で描けるはずだ」と抽象論を展開した。その哲学をもとに新たな創作に取り組んだのがジョルジュ・ブラックであり、ピカソなわけだ。

つまり、一人の画家の作品はその背景にある歴史や文脈を理解することで初めて味わえる側面が多分にある。

アートは勉強を続けて知識が増えるほど、味わえる深さが格段に変わっていく領域である。同じ美術館に行こうが、自分の知識いかんで見え方がまるっきり変わる。そこに醍醐味がある。美術でなくてもいいが、まずはその体験をするべきだ。

話を戻すと、徹夜をしているからといって、没頭をしているとは言えない。時間をかけて知識を深めること、深く深く潜ることで、あるときにスイッチが入る。忍耐の先に快楽はある。

100mの水深まで潜った経験のある人はそこに到達するまでの苦しみを身をもって理解している。だからこそ、期限が明確に決まっているプロジェクトなどでも、最低限到達しなければいけないラインの見極めもできるのだ。

不可能な仕事を可能にするためのコツと心構え

集中の限界を知った上で効率的な徹夜をデザインする

コンサルたるもの徹夜をせざるを得ない状況は必ずやってくる。

もちろん今の時代は労働基準法も厳しいので、私の話は過去のものである。それでも状況に合わせ、ノウハウをアレンジして活用できる部分もあるとは思うため、紹介したい。

私はコンサルとしてバリバリ働いていたとき、しょっちゅう徹夜をしていた。どうしても睡魔に襲われたときは、クライアント先のトイレの中でしゃがみ込んで束の間の睡眠を得ていた。移動の電車で吊り革に掴まりながら一瞬の熟睡をするのも得意だった。この少しの睡眠でも意識がスッキリすることがある。

そもそも、人の集中力には限界がある。だからこそ、集中力を落とすポイントを設計しなければならない。

計画的徹夜は仕方がないにせよ、なし崩し的に徹夜になってしまう事態だけは避けたい。

仮に徹夜をすれば6時間の作業時間が確保できるとする。ただし、6時間のうちにダレる時間が必ず発生する。その時間をあらかじめ計画に盛り込んでおかなければならない。併せて、集中が切れた時間に何を行うのかも決めておく。

私の場合、チームメンバー全員でチョコレートを食べながら、音楽を流し、雑談をする時間に使っていた。ほどほどにリラックスできる時間を設けておくことで、次の集中に向けたメリハリが生まれる。

そして、徹夜は最後の追い込みこそが重要だ。

たとえば、徹夜で朝の6時まで作業するなら、5時からの1時間が勝負になる。だとすれば、この1時間に最大限の集中力を持っていけるように時間を配分したい。

ただし、人によっては生理的に徹夜が無理な人もいる。その場合は私はあらかじめ帰宅時間を設定してあげる。集中力がゼロの状態では何も手につかない。それならば自宅に帰してあげた方がよっぽどいいだろう。その代わり、朝イチにバトンタッチして最後の仕上げを頼むことはある。

最大限の生産性と効率を求めた徹夜をチームでゲームとして楽しんでしまえばいい。私は徹夜の後には必ずご褒美を用意することにしていた。徹夜の先に待っているお楽しみの時間に向け、みんなで力を合わせるのだ。

そもそもコンサルは不可能な仕事をしている

基本的にコンサルは徹夜しても間に合わない、〝不可能な仕事〟をやっている。徹夜をすればなんとかなると思っているなら大間違いだ。だから、やるべき仕事を選ばないとクライアントを満足させることはできない。

そのため、丁寧な期待値コントロールが重要になる。それを怠ると、必ずそのプロジェクトは炎上することになる。ある意味で、コンサルはクライアントとの心理戦だ。与えられた課題を解くだけの大学受験ではない。

クライアントが与えてくれた課題を作業と捉えたら満足や信頼は得られない。期待の遥か上を超えることで、ようやくコンサルとしての仕事が果たせたことになる。だからこそ仕事の取捨選択が重要なのだ。その上で徹夜をするのであれば、クライアントの期待にとことん向き合わなければならない。

メンタル不調への向き合い方と対処法

原晋監督が教えてくれたセルフケアの大切さ

個人的に親交を持っている青山学院の同僚に、駅伝部を日本一に押し上げた原晋監督がいる。彼からこんな話を教えてもらったことがある。駅伝はもちろん練習が重要なのだが、それと同じくらいに練習後のメンテナンスを重視しているのだという。

くたくたになるまで一日中練習した後は、すぐに寝たくなってしまうこともあるだろう。しかしそれでは結果的に身体を壊してしまう。ハードな練習の後は必ずストレッチやマッサージなどのメンテが必要になるのだそうだ。これを徹底できるかどうかが箱根に行けるか行けないかの成否を決めるとまでいう。

我々ビジネスパーソンはアスリートではないが、この話からは大いに学ぶべきものがあるだろう。

本業にだけ精を出せばいいのではなく、それを支える自分の身体を労り、管理する。プライドが高いのは大いに結構であるが、基本に立ち返るのを忘れずにいよう。

メンタル不調／スランプは言語化し、ロジックで解決する

スランプに陥ったときはロジックゲームで解決するのをお勧めしたい。俯瞰で自分が置かれた状況を把握しよう。悩んでいても何も解決しない。

私は業務時間とは別に時間を設けることにしている。

たとえば日曜日、ノートとボールペンだけを持って近くのカフェに行く。主観の感

情は捨て、幽体離脱したイメージで自分を客観的に分析してみる。

クライアントから投げかけられた言葉で傷ついたとしよう。まずは今抱えているネガティブな感情を、あえてポジティブな言葉で変換してみる。叱責されたイメージだけを放っておくとダメージを大きく感じてしまうが、文字にしてみれば案外大したことがないことに気がつく。

言葉をただ真正面から受け止めるだけでは、「俺は悪くないのに、なんでこんなことを言われなきゃいけないんだ」とストレスが溜まる一方だ。

相手の言葉の背景にある意図を分析してみよう。相手が自分に望むあり方が見えたら、あとは自分の悪い部分を正していくことしかできることはない。自分なりの改善案が整理できたら、その旨をメールで相手に伝えてみるのもいいだろう。

逆に、モヤモヤを抱えた知人から相談を受けたときのことを思い返してみてほしい。「どうしたの?」と聞くと、案外みんなしっかりとした説明ができないことに気づくだろう。表層の言葉だけを聞くと、「それで?」以外に感想が出てこない。

なぜなら、悩んでいる人は自分自身で十分な分析ができていないからだ。頭の中でなんとなく「酷い目にあった」というイメージだけが膨らんでいる。そのわからなさが不安に拍車をかける。

だから私がメンタリングをする際は、相談の中身を一緒に紐解いていく。具体的に言われた言葉を一緒に振り返り、できればツリー状に整理して、事実と解釈を分ける。その上で原因が究明できたら、解決策まで一緒に考えるのだ。

メンターは絶対に必要

仕事で悩みを抱えない人などいない。特にコンサル業界は精神的プレッシャーが大きい。ある意味で、病むのは当たり前である。だから、メンターの存在は不可欠だ。

ただし、真のメンターを探すのは容易ではない。

会社側から制度上アサインされたメンターにはなんら意味がない。私の生涯のメンターはすでに本書でも名前が出てきている安間裕さんである。

ただ、メンターは必ずしも一人でなくてもいい。私には安間さんの他にも何人かメンターとして仰ぐ人々がいる。自分が窮地に追い込まれたとき、どんなに格好悪いことても、すぐに頼って相談できる人のリストがあるのだ。彼らは自分が方向を見失いかけたとき、進むべき道をディレクションし、精神的な安寧を与えてくれる。

こうした人たちの存在を抜きにして、今の自分はいなかっただろう。この業界は狭いので、どこで情報が漏れるかわからない。だから、よほどの信頼関係がないと自分のお腹（＝弱み）を見せることはできない。

その意味で、最良のメンターを探すのもまた能力といえる。私は若い頃から常々、自分のメンターになる人を探していた。

自分が窮地に陥ったとき、手を差し伸べ、救ってくれる人はメンターになり得る。プロジェクトが暗礁に乗り上げたときほど、ケイパビリティ以外の人間の本性が表れる。そこで人を見極められるかが重要だ。

倒れる前に、インテリジェントに逃げる

最近ではあちこちでメンタルヘルスの問題が取り沙汰されているが、私は安易に休

職を勧めることはしないようにしている。

いかに休職せざるを得ない状況を回避するかが本当のプロフェッショナルである。不調が9割に至ってからでは遅い。7割になったら力を抜くなり、離脱する。そうしなければ再起不能になる。一度休職すると、復帰は容易ではない。

そう考えれば、いかに早く自分の不調を察知し、策を講じるかが重要となる。そこではある種のずる賢さが必要だ。運任せではいけない。運に任せた時点でメンタル不調の大きな一歩を踏み出すことになってしまう。できることなら自分の実力によって状況を打開しよう。

それでも無理なら、逃げたっていい。逃げることは悪いことではない。ただし、そのタイミングは見誤ってはならない。立ち上がれぬほど追い込まれてからでは遅い。ただし、ただ仕事を放り投げるのではなくしっかりとバックアップは整備しておこう。周囲が困らぬよう、自分の仕事をすべて引き継ぐことができるように環境を整えておく。無責任に逃げると、その悪習慣が身についてしまう。あくまでも〝インテリジェントに逃げる〟のを心がけよう。

そもそも人生は自分のためにある。会社のために死んだって仕方がない。コンサルだけが仕事ではないのだ。

元来、コンサルの世界では「Up or Out（昇進するか、退職するか）」という価値観が浸透しているが、私がアンダーセンに在籍していたときは、この言葉の代わりに「カウンセリングアウト」という言葉が用いられていた。

つまり、「人間としてダメだから辞めろ」と言っているわけではなく、「あなたにはもっと適切な仕事があるよ」というわけだ。

初めてこの言葉を聞いたときは、なんて残酷な言葉だと思うと同時に、言い得て妙だとも感じた。

コンサルに向いていなかっただけで、なんら恥じることはない。コンサルタントなど別に偉いわけじゃない。むしろ自分の特性を生かし、生き生きと仕事ができる人生を選ぶ方が賢い。プライドのために人生を棒に振るくらいなら、他の道を探した方がいい。

5章

バリューを出し続けた先に見えてくるもの

本書は主にプレイヤー向けに書かれた本ではある。それでも、ゆくゆくはマネージャー、そしてパートナーになることを見据えて働くという意味で、上位レイヤーの視点についても語っておきたい。

5章では「パートナー」レベルに到達するために必要な視座の話をする。プレイヤーとマネージャーとの違い、あるいは優秀なマネージャーと悪いマネージャーの違いを述べる。

また、本書の総括として、コンサルタントとして働く醍醐味やバリューを出すということの意味合いを、仕事のみならず、人生スケールに拡張してあらためて語り直す。

マネージャーの究極の役割は〝クライアントコントロール〟

マネージャーをマネジメントする

一介のコンサルタントとしてキャリアをスタートした後は、シニアコンサルタントへ昇進する。その後はマネージャー……と階段を上っていくわけだが、意識すべきは常に現在の自分の上のポジションの振る舞いである。

優秀なコンサルタントは、コンサルタントのポジションですでにマネージャーのような振る舞いをするものだ。言われたことをこなすのではなく、主体的に下から提案を突き上げる。とはいえマネージャーからは煙たがられぬよう、うまく機嫌を取りながら進めるのだ。その意味では、逆にマネージャーをコントロールしてしまっているとも言える。

コンサルタントからマネージャーに上がるとき、何が変わるかといえば、クライアントをコントロールすることが仕事になる点だ。その上で、適切にチームを動かすことがマネージャーの役割である。それを前提にクライアントとの関係を構築しコントロールする必要があるのに、世の中ではチームを動かすことがマネージャーの仕事としてフォーカスされ過ぎている風潮にある。

クライアントのコントロールで基本になるのが期待値の調整だ。こちらから働きかけない限り、期待値はいくらでも膨れ上がってしまう。その結果、達成できなかったときにクレームが噴出する。そのため、自分のチームのケイパビリティや納期を鑑みながら、丁寧にクライアントの期待値をコントロールしたい。

逆に、最悪のマネージャーはクライアントをコントロールすることができない。よくある例を紹介しよう。

ある日、クライアントが「Aで行く」と言った。だからそのお題に一生懸命取り組んでいた。それにもかかわらず翌日、「やっぱりBだ」と言う。仕方がないので、軌道修正し、今度はBに全力で取り組んだ。別日に「Bができました」と提出すると、クライアントは「Aと言ったじゃないか」と怒る。このようにクライアントの言いなりでプロジェクトを進めるのは避けなくてはならない。正しいと思うのであればこちらから能動的に「Cが最高ですよ」と提案し、主導する。

これがクライアントをコントロールできるマネージャーとそれができないマネージャーの差である。

後者は部下だけではなく、クライアントまでも不幸にしてしまう。コンサルの側が何をやりたいかを自分でわかっていないから、クライアントもブレてしまうのである。

多様性の時代、絶対的なマネージャー像はない

現在は多様性の時代であり、一人一人の個性が尊重されるようになった。そのこと

により、一人一人のメンバーに寄り添うことが求められ、以前までの軍隊式のマネジメントスタイルは通用しなくなった。

今まではトップダウンで統制をとりながら指示を与え、タスクをこなしてもらえばよかった。しかし今そのやり方を採れば、人はすぐに辞めてしまう。いかに彼らを生かしながら、思い通りに動かすことができるか。その意味で、マネージャー的に動く人をいかに育てるかが現代のマネージャーの仕事には求められる。

時代の変化に合わせて、プロジェクトマネジメントのあり方も変わりつつある。その代表の一つであるアジャイル開発では、まさに全員がマネージャーのマインドセットを持っていなければ成立しない。「WBSに沿って」など悠長なことを言っていられない。要件が常に流動的なプロジェクトでは、指示待ち人間は役立たずになってしまう。

それぞれがその時々の優先順位を判断し、自分のファンクションを理解した上で動かなければならないからだ。そうした自律性の高い組織を率いる現代のマネージャーの難易度は高い。マイクロマネジメントでは間に合わず、基本的には信頼をベースに裁量を任せる必要がある。

これからの時代、プロジェクトベースの仕事は案件によって役割も変化することが増えるかもしれない。あるプロジェクトではマネージャー、また別のあるプロジェクトではプレイヤーと適材適所で役割が変わる。1年目であろうと、プロジェクトごとに自分の果たすべき役割に自覚的であらねばならない。言われたことをただこなすのではなく、常に疑問を持ち、自分の頭でクライアントの喜ぶことを考える。

パワーバランスの全体構造を理解しなければコントロールできない

アクセンチュアではプロジェクトマネジメントの上に、プログラムマネジメントと経営（ジャーニーマネジメント）がある。

一個一個のプロジェクトの集合体がプログラムである。プログラムに一貫性がないと、その構成要素であるプロジェクトがぐらついていく。つまり、不合理なプロジェクトを正すためには、一つ一つのプロジェクトを司るプログラムの責任者を説得しなければならないのだ。プロジェクトの担当者に不平をこぼしたところで、「いや、俺だって上に言われているだけだから」と言われるのが関の山だろう。

さらに最上段の視点に経営がある。経営の方針にプログラムは規定されるため、最終的には経営も押さえなければならない。

だから私は何か問題が生じた際は、この三つの視点から正しいレイヤーに相談に行くようにする。担当者に言っても埒があかないなら、役員を訪ねる。レイヤーを行き来しながらコントロールするのが本来のマネージャーの役割である。

なので、プロジェクトの契約者以上のレイヤーともリレーションがなければプロジェクトをコントロールできなくなることを知っておきたい。

たとえば、私は青山学院大学という組織に属している。青山学院は大学のみならず、幼稚園から高等部まであり、それぞれに長がいるわけだ。つまり最高権力者は学長ではなく、理事長になる。そうした全体の権力構造を見通す感覚がなければコンサルは務まらない。逆に言えば、現場もしっかりと押さえておく必要がある。どれだけ上位レイヤーと関係が築けていても、現場が文句を言い始めたら終わりだ。

プレイヤーからマネージャーになるために

コンサル会社の評価軸は実は二つしかない

コンサルファームの評価指標はシンプルに「売上（契約金額）」と「稼働率」の二つしかない。

後者は「有償稼働率」と呼ばれるもので、プロジェクトの実働時間を測る指標だ。収益が発生しない営業活動をいくらやっても稼働率には換算されないので、評価されない。ようは、「タダ飯を食っていないだろうな？」ということだ。特にパートナーになると売上を問われることが多い。稼働率も意外とうるさく言われるが売上さえあればなんとかなる。

コンサルファームには営業担当の社員が存在しない。だから、マネージャー以上の役職に就くと「売上」を問われるようになる。

つまり、マネージャーは営業担当でありコンサルタントなのである。数字を上げられないマネージャーはシニアマネージャーになれないし、同じく数字を上げられないシニアマネージャーはパートナーになれない。「プロジェクトを回しているから時間がない」といった言い訳は通用しない。コンサルは管理職になった時点から売上の重荷を背負うのである。

私がマネージャーの時代は稼働率が8割を超えていなければ評価されなかった。この指標を守った上で、売上を上げなくてはならないのでなかなかにハードである。営業とはいっても我々は家電販売をしているわけではない。目の前のプロジェクトを遂行しつつ、同時に次のフェーズを見据えて仕事を広げ続けなければならない。

もちろん今のプロジェクトをベースに他のプロジェクトを立ち上げていく動きも必

須である。営業だけに専念できる時間は存在しない。徹夜でプロジェクトに臨みながら、同時に新規案件も獲得しなければならない。この無理ゲーともいえる試練がコンサルタントを鍛え上げていく。

どうすればマネージャーに上がれるか？
稼働率×実績

評価軸として「売上」が問われるのはマネージャー以降だと述べた。ではマネージャーになるため、コンサルタントには何が求められるか。

「稼働率」である。まずは稼働率100％を埋めることで評価される。プロジェクトにおけるパフォーマンスはその次の評価である。その上で、それぞれのプロジェクトで上司からの評価に基づくランキングごとにマネージャーに昇進する人がラインアップされる。その意味で、選抜はフェアである。

私の時代はシニアマネージャーが一堂に会し、全員の評価を突き合わせて、選抜作業を行っていた。

そこで問題になるのがグレーゾーンにいる候補者の取捨選択だ。

たとえば私は高評価をつけたのに、別のシニアマネージャーは最低評価をつけることがある。もちろんプロジェクトが異なれば、パフォーマンスも変わるので、こうした事態は普通に起こる。

こうなると、シニアマネージャー同士で膝を突き合わせ、侃侃諤諤《かんかんがくがく》の議論が行われるわけだ。今は人員規模も当時とは比べものにならぬほど増えているので、こうしたやり方は採用されていないかもしれないが。

ただし、マネージャーに上がるためには、マネージャーに好かれるのは最低条件である。逆に、見放されてしまったら終わりだ。いかに敵を作らず、愛されるかを考えよう。

平のコンサルタントの直接的な評価に「売上」はなくとも、「売上」に貢献すれば、当然上司からは評価される。優秀なシニアコンサルタントは自ら積極的に売上に貢献し、マネージャーを楽にする。優れた人材は自ずと付加価値が上がり、プロジェクトに声がかかる。そして、順調にマネージャーに昇進した後も、苦労することなくクライアントを獲得できるのだ。

キャリアを棒に振らないためにも、マネージャーに営業しろ

私見ではあるが、コンサル業界は他の業界に比べて、派閥争いの類いは少ないように思う。なぜなら多くのプロジェクトが動く中、人が足りないため、派閥争いをしている場合ではないことが多いからだ。とはいえ、もちろん組織内において強い力を持つ部署や事業部は存在する。売上面でファームに大きな貢献をしている部署ほど、どうしたって存在は大きくなる。そのため、同じパートナーであっても、実質的な力の差は生じるわけだ。

視点をやや下げて考えると、新人コンサルタントにとってどのマネージャーの下で働くかは、その後のキャリアパスを左右する重要な問題だ。

基本的には上が引き上げるから、ポジションが上がっていく。プロジェクトの成否はマネージャーの質にかかっている。優秀なマネージャーの下につき、期待通りの成果を出せれば、順調にキャリアの階段を上っていけるだろう。

一方、無能なマネージャーに囲まれると、抜け出せない沼が待っている。クライアントと良好なリレーションが築けないと、モチベーションも下がり、プロジェクトがうまくいかない負のループに陥ってしまう。

そうならないためにも、自分からマネージャーに営業する必要がある。いつか一緒に働きたいと思っているマネージャーがいるなら、積極的にその旨を伝え、自分のスケジュールやリソースの状況を事前にインプットしておく。そうすることで、タイミングが合えばプロジェクトに誘ってもらえることもあるだろう。

サーバントリーダーシップ：声をかけられるために

逆にマネージャー以上は「サーバントリーダーシップ」を心がけたい。これは「リーダーが相手（部下）に奉仕し、その後相手を導くもの」という考えのもとに生まれた支援型リーダーシップのことだ。

本来は若手に振られる雑用などのタスクも状況によっては自分が率先して行う。私自身、「シニアパートナーだったら普通こんなことやらないよね」といった仕事をあえてやるようにしていた。そうすることで、部下は声をかけやすくなるし、上からも信頼されるようになる。

人を上下で見ないのは対クライアントだけではなく、同じ社内でもいえる。自分が想像する以上に、いつもどこかで自分の立ち振る舞いは他者から見られている。だからこそ、上辺だけ取り繕うのではなく、真にサーバントリーダーシップを実践しよう。

私がシニアマネージャーだったとき、一番話す時間が多かったのは現場の人たちだった。コールセンターでオペレーターとして働く年配女性たちに声をかけ、ランチタイムを共にしていた。そうすることで信頼も築けたし、何よりも現場目線での意見を吸い上げることができ、いくつものヒントにつながった。

コンサルタントの仕事は「経営」だとか「イノベーション」だとか華々しい言葉で語られがちであるが、実際のところ経営を支えるのは現場で奮闘する一人一人の社員だ。そこへのリスペクトを決して失ってはならない。

サーバントリーダーシップを続けていると、どんどん仕事が降ってくるので、忙しくなる。逆に言えば、チャンスが来続ける状況を創出することができるのだ。

トップコンサルタントが見ている景色

コンペで競うコンサルは二流。一流は自ら仕事を作る

最近はコンペ形式で案件を獲得することも多い。その際は「RFP（Request for Proposal：提案依頼書）」を書く必要がある。

ただしその実態のほとんどは出来レースである。裏側の根回しによって案件を獲得するのがマネージャーの腕の見せどころだ。そもそも案件は待っているものではない、

作るものである。こちらが作った案件なら、本来ＲＦＰを書けるのは自分たちだけである。クライアントの代わりに書いてあげればいい。

ここでも重要なのはクライアントコントロールの考え方である。ＲＦＰを書くためにはクライアントの課題への深い理解と洞察が不可欠だ。クライアントから渡されたＲＦＰは請負仕事でしかない。ＲＦＰを渡された時点で負けである。レッドオーシャンに飛び込んでも、勝算は薄い。ＲＦＰの前段階で勝負はついている。コンペで勝ち負けを競っているコンサルは二流。一流は自らＲＦＰを書くコンサルだ。仕事は自ら作り出さなければならない。

「根回し」とだけ言えば浅く聞こえるかもしれないが、根回しのためにはクライアントとの強固なリレーション構築が不可欠である。それがなければＲＦＰは絵に描いた餅である。こちらがＲＦＰを主導できる関係を作ることがバリューのあるコンサルに他ならない。

本物の実行力は会社を動かせるか

本章でぜひ伝えたいのは「会社を動かせるかどうか」が究極的にクライアントの信頼を掴むポイントであることだ。

自分が一プレイヤーとしてどれほど卓抜していようが、一人でできることには限界がある。それでも自分以外のパートナーを含め、ファームそのものを動かすことができればクライアントからの信頼は絶大なものになる。

大きなプロジェクトを成功に導くためには、組織を動かすことのできる〝実行力〟が必要なのだ。

だからこそ、地頭のよさだけではどうにもならず、本書を通じて繰り返し強調してきた〝人間関係を構築する力〟が問われる。アメーバのように複雑に広がる人間関係の図を頭の中に描き、いくつもの条件をクリアできる最適解を瞬時に判断する。それを実現するため、戦略的に人とコミュニケーションをとる。

新米のコンサルタントからすれば、パートナーは毎晩酒を飲み歩いているだけの存在に見えるかもしれない。視野が限られているため、そう見えてしまうのは仕方のない面もあるが、そもそも酒の場につくだけでも想像以上の苦労がある。上の立場にならないと、決して見えない世界があるのだ。

だから、「マネージャーをバカにするなら、マネージャーになってから言え」と伝えたい。同じく、パートナーをバカにするなら、パートナーになってからだ。自分の狭い世界を前提に文句を垂れていても空虚でしかない。社内の人間をリスペクトできない人は、クライアントにもその態度がしみ出てしまう。一事が万事、自分で隠せると思っていることもバレバレである。まずは相手への惜しみない敬意と尊敬からすべては始まる。

おそらくどんな業界でも同じだろうが、コンサルファームでパートナーまで上り詰める人たちは例外なく、みんな飛び抜けて謙虚である。

他者にマウントを取るような人はクライアントとの付き合いもうまくいかなければ、出世することもない。コンサルはパートナーになって初めて、経営を全体から見渡し、真の意味でクライアントと対等に向き合うことができる。

「人生100年時代」のライフデザイン

自分で自分の人生をコントロールすることで幸福は得られる

終身雇用神話が崩れ、転職が当たり前になった社会で意識せざるを得なくなったのが個人での市場価値を高めることだ。

私は2015年、『LIFE　SHIFT（ライフ・シフト）――100年時代の人生戦略』で知られる思想家のリンダ・グラットンと一緒に講演会をやったことがある。

彼女と話す中で最も印象に残った言葉が「誰の人生を生きているの？」という問いかけだった。この言葉には今の時代を生きるためのキーワードが凝縮されているように思う。

人生100年時代に一つの会社に終身の忠誠を誓うことは難しい。今までは会社を勤め上げ、退職金を頼りに老後を過ごせばよかった。そもそも今は人間よりも会社の寿命の方が短くなっている。会社がいつまでも雇ってくれるとは限らない。定年後は自分で自分の生活を守っていかなければならないのだ。まずはこの現実をきちんと把握しなければならない。

ただし、このことをネガティブに捉える必要はない。『LIFE　SHIFT』が伝えるメッセージは「人生を楽しむこと」だ。自分なりに生き方を再定義し、そのプロセスを楽しむ。考え方を変えれば、100年時代だからこそ実現できる新しい生き方があるはずなのである。

ちまたでは「経済的自立」と「早期リタイア」を意味する「FIRE：Financial Independence, Retire Early」が一部で注目を集めているが、逆にアンチテーゼとして、お金以外の部分に幸せの価値観を見出す生き方もアリだろう。ようは自分なりの価値観さえ定まっていれば、生き方に正解などないのだ。

むしろ他人に流されるより、自分で自分の人生をコントロールできるかが幸福感を左右する。この点は私がよく言う「直感・共感・官能」とも関連する話で、自分なりの快適さ、最近の言葉で言えばウェルビーイングを追求すればいい。

特に現代人は「官能」を忘れがちだ。社会人になると、「耐えること」が美徳だと勘違いし、自分が気持ちいいと思うことを蔑《ないがし》ろにしてしまう。官能感を失い、我慢ばかり。言うまでもなく一番に考えなければいけないのは、自分にとっての官能、ひいては幸せである。

仮に誰もが知る有名企業に入り、高い年収を得ていても、それと引き換えに何が代償になっているのかを慎重に考え直してみよう。会社のネームバリューは自分の人生にかかる苦労の割に合うものなのか、と。

85歳までの具体的な人生設計を立てる

価値観は誰かが与えてくれるものではない。自分で決めなければいけないものだ。

100年時代をどう生きれば自分は幸せなのか、まずはその全体戦略を立てよう。

先ほども述べたように、年収は一つの要素でしかない。人によっては山の中で自給自足する方が性に合っているかもしれない。まずは自分の幸せの基準を見極めることから始めよう。

10年ほど前、スタンフォード大学で「ライフデザイン講座」が流行した。私自身その講師資格を持っている。なぜこの講座が流行ったのかといえば、スタンフォードの人たちは選択肢があり過ぎるからだ。しかも、価値観を周囲から強制されやすい環境にある。実際、成績優秀なスタンフォード大学の私の友人は卒業時に、当たり前のように「マッキンゼーに行くの？　ゴールドマンに行くの？」と周りから期待を受けた。

確かにこうした有名企業に入れば、数千万円の年収を得られ、経済的には安泰かもしれない。それでも、本人が望む道でないなら幸せは保証されない。だからこそ、自分の歩むべき道は自分で考えなければならないのだ。自分なりに考えた道筋をどう実現するのかが戦略である。目標がなければ戦略は意味がない。

私はまだ大学生だった頃に、当時のシティバンクの幹部の方と知り合う機会があった。大学で講演をされたのだが、終了後にもっとお話を聞きたいのでご飯に連れていってくださいと無謀にもお願いしたら快諾してくれた。

食事の際、その方から「エリックはいつまでの人生設計をしているんだ」と尋ねられた。その方は、「私は社会人の初めから85歳までの人生設計をしている」と言う。そのとき、いかに自分が目先の設計しかしていなかったかに気づかされた。

以来、私は彼の人生設計を真似して、毎年年末年始に自分の85歳までのプランを書き記したエクセル表を更新し続けてきた。人生計画をリバイスできる正月が楽しみでさえあった。「何歳で子供を持ちたい」といったライフプランに加え、マネープランも一緒に書く。子供が育ち、仮に私立に入学させたら、これくらいのお金がかかるだろう、といった価値観のアップデートを確認しながら、なるべく具体的に予測を書き込んでいく。

偶然か必然か、私は初めてこのシートに記入したときに、「大学教授になる」と書き込んでいた。MBAを取得したときに「コンサルタントとしてグローバルで活躍する。○○歳までにパートナーになる」という夢を追加したものの、「将来は教育に身を捧げよう」という項目は当初から一貫している。それが大まかな私のライフプランだった。

繰り返し自分の人生設計を目にし、すり込んだことで、ほとんどの項目を実現させることができたのかもしれない。振り返れば、短中長の目標を言語化してきたからこそ、戦略を立てて、実行することができた。今は学部長の立場となり、いずれは本気で何かを変えるために「さらに重要なポジションになりたい」と考えている。

ビジネスの外側でも
バリュー思考は有効である

家庭でもバリュー思考を発揮する

コンサルは激務が基本のため、いわゆるワークライフバランスを整えるのが難しいかもしれない。退勤時間も遅くなりがちである。

ただし、案外朝の時間は融通が利きやすい。実際、私はどれだけ激務であろうが、朝の子供の見送りだけは自分で行っていた。掃除や洗濯物を畳むなどの家事分担はどうしても夜中になってしまってはいたものの、当時のパートナーと協力していた。仕事から帰宅しても、頭が冴えていてすぐには眠れない。だから自分は音楽を流しながら、皿洗いをしてリラックスする時間として有効活用していた。

今振り返ると、家族にとってのバリューを意識しながら暮らしていた。

たとえば、育児に追われる母親は逃げ場がない。一日中子供の世話に明け暮れ、自分の時間が一切なくなってしまう。だから私は時折、一日妻だけの時間を楽しんでもらうために、赤ん坊の面倒をみるのを買って出ていた。意識的に妻を完全に解放する日を作っていたのだ。実際、排泄物の処理とミルクの与え方だけわかっていれば、育児はこなせる。

実はこうした行動はクライアントへの対応にも通じるものがある。どうすれば一番効率的に相手の満足度を高めることができるか。相手に寄り添って考える。

仮に私が休日、一日中ゴロゴロしていたら妻の不満は募るばかりだ。そうではなく、「朝から何もしなくていいから、外に出て遊んでいいよ。映画を観てもいいし、美味しいものを食べてもいい」と伝えてあげる。時には自分で料理を振る舞うこともあった。自分にとってはストレス発散になり、妻は家事から解放される。一石二鳥だ。もちろん頻繁にはできないが、隔週程度ならこうした時間を作ることはできる。それにより、妻も精神的な余裕ができる。

あとは結婚記念日など、特別な日には必ず花束と美味しい食事は欠かさないようにしていた。そこにかかる時間はせいぜい年に数時間だ。これを怠ることで生じる不満足は、なかなか後から取り返せない。つまり、外すところと、外してはいけないところを明確に意識すべきであるということ。家庭にも仕事にも同じことがいえる。短い時間で最大の成果を達成できる行動原則を常に意識したい。

育休をバリューに転換する

キャリアの階段を猛烈に上がるコンサルの中には、育休取得で自分の経歴に穴が開くことを恐れる人がいるかもしれない。

正直、育休ごときで戦力外になるならそれまでの実力ということだ。むしろ反対に、育休をバリューに転換させる気概を持つくらいがちょうどいいのではないか。育休期間に失うのはせいぜいいくつかのプロジェクト経験くらいのものだ。育休をしている間も、工夫次第でいくらでもインプットはできる。

もちろん育休を取得する男性は年々増加しているものの、コンサル業界ではおそらくまだ少ない。だとすれば、育休の経験を売りにすることだってできるかもしれない。たとえば、クライアントに対しての提案でも、その経験を踏まえた新しい考え方を提示する。

人と違う道に行くことを恐れていてはバリューは生まれづらい。レアな体験はそれ自体が価値となり、人材としての優位性を生むだろう。戦略を持って堂々休んでみる期間は人生を豊かにするとポジティブに考えよう。

おわりに
――バリューとは生きることそのもの

私は幼少期から数多くのコンプレックスを抱えてきた。コンプレックスはないに越したことはないのだろうが、多くの人はそれぞれの苦悩を抱えているものだ。

私は長らく自己否定に悩まされた、コンプレックスの塊だった。父親からの執拗なDVも私に暗い影を落とした。そのせいで生きることに絶望し、自殺未遂をしたこともある。私が「エリック」と名乗るのは、「匡史」という名前を壊し、父親から逃れるためでもあった。生きるためにも一つずつ自分の価値を作り出していく必要があった。それが私にとっての「バリュー」の原点かもしれない。

「一流大学に行くのが当たり前」の家庭環境で育った私は、大学受験でも大きな挫折を味わった。振り返れば、私は誰かが決めた根拠のない価値基準に縛られ苦しんでいたのだろう。学生時代は英語を身につけようと奮闘した。帰国子女だと勘違いされることもあるのだが、英語に関してはゼロからのスタートだ。結果、英検一級をはじめとした英語資格を一通り取得し、それなりの自信がついた。自分の中に自分なりの価値基準を確立できれば、苦しみからは解放される。

ある程度コンプレックスが解消されれば、自ずと他者を喜ばせることに目が向くようになる。相手の喜びが自分の喜びに、利他が利己に同化することを実感できるようになるのだ。

バリューは自身のコンプレックスの痛みも癒やしてくれる。小さな成功体験（バリュー）を積み上げる過程で、見える景色も広がっていくものだ。

20年以上のビジネス人生で私は常に、クライアントの役に立ちたい、喜ばせたいと努力してきた。こう言うと聞こえはいいようだが、結局のところそれも自己満足につながっている。「人の役に立つ」という人生を、自らの強い「エゴ」によって選んでいるのである。自分が気持ちいいからやっているに過ぎない。しかし、だからこそそれを継続できる。

長い仕事人生、結果が出るときもあれば出ないときもある。

仮に思うような結果が出なくとも、自分の足りない努力を反省し、改善して成長すればいい。そう思えば一生を楽しく過ごせる気がしてこないだろうか。

「後悔がない人生を歩みたい」という言葉を聞くことがある。私からすれば、後悔がない人生は不幸そのものである。私はむしろ反対に「後悔する人生を歩みたい」と思っている。あれもやりたい、これもやりたい……が死の前日まで尽きない人生。

キャリアの大半をコンサルタントとして過ごしてきたが、残りの人生は教育に捧げたいと思っている。百人百色、人間には全員にバリューがあることを伝えていきたい。

著者略歴

松永エリック・匡史（まつながエリック・まさのぶ）

青山学院大学 地球社会共生学部 学部長 教授
ビジネスコンサルタント／音楽家

1967年、東京生まれ。青山学院大学大学院国際政治経済学研究科修士課程修了。幼少期を南米（ドミニカ共和国）やニューヨークなどで過ごし、15歳からプロミュージシャンとして活動、国立音楽大学でクラシック音楽、米国バークリー音楽院でJazzを学ぶ。システムエンジニアを経て、コンサル業界に転身。アクセンチュア、野村総合研究所、日本IBMを経て、デロイト トーマツ コンサルティングにてメディアセクター APAC統括パートナーに就任。その後PwCコンサルティングにてデジタルサービス日本統括パートナーに就任しデジタル事業を立ち上げ、エクスペリエンスセンターを設立し初代センター長を務めた。2018年よりONE NATION Digital & Mediaを立ち上げ、現在も大手企業を中心に経営コンサルを行う。2019年、青山学院大学 地球社会共生学部（国際ビジネス・国際経営学）教授に就任、「アーティスト思考」を提唱。学生と社会人の共感と創造の場「エリックゼミ」において社会課題の解決に挑む。2023年より地球社会共生学部 学部長。事業構想大学院大学 特任教授。学校法人聖ステパノ学園理事。NewsPicks「THE UPDATE」「OFFRECO.」「New Session」などの番組に多数出演。Forbes JAPANオフィシャルコラムニスト。著書に『直感・共感・官能のアーティスト思考』(事業構想大学院大学出版部)、『外資系トップコンサルタントが教える英文履歴書完全マニュアル』（ナツメ社）、監修書に『CD付き 実例でわかる！ 英語面接完全マニュアル』（ナツメ社）がある。

バリューのことだけ考《かんが》えろ

トップ1%コンサルタントの
圧倒的《あっとうてき》な付加価値《ふかかち》を出《だ》す思考法《しこうほう》

2024年6月30日　初版第1刷発行

著　　者　松永エリック・匡史
発 行 者　出井貴完
発 行 所　SBクリエイティブ株式会社
〒105-0001　東京都港区虎ノ門2-2-1
装　　丁　西垂水敦・岸恵里香（krran）
本文デザイン　荒木香樹
本文DTP　クニメディア株式会社
編集協力　長谷川リョー
編集担当　長谷川 諒
印刷・製本　中央精版印刷株式会社

本書をお読みになったご意見・ご感想を
下記URL、または左記QRコードよりお寄せください。
https://isbn2.sbcr.jp/25030/

ISBN978-4-8156-2503-0